Berthold A. Mülleneisen, geboren 1944,
ist Heilpraktiker und Psychotherapeut
in München. Sein Anliegen ist die
Heilung durch den Dialog mit Gott.

HEILGEBETE

HEIL-GEBETE

GESUNDHEIT AUS EIGENER KRAFT

BERTHOLD A. MÜLLENEISEN

Herbig

© 1989 F.A. Herbig Verlagsbuchhandlung GmbH,
München, und Script Medien Agentur GmbH, München
Alle Rechte vorbehalten
Umschlag: Wolfgang Heinzel
Satz: Fotosatz-Service Weihrauch, Würzburg
Gesetzt aus 11/13 Punkt Sabon Antiqua
im System Berthold
Druck: Jos. C. Huber KG, Diessen
Binden: Thomas-Buchbinderei, Augsburg
Printed in Germany
ISBN 3-7766-1604-0

Für
meine Frau Elke
und meine Kinder
Heide und Vincent

Inhalt

Vorwort

Wir leben heute in einer Gesellschaft, die jeden einzelnen von uns überfordert. Durch Streß und Leistungsdruck wird der Freiraum zur persönlichen Entfaltung immer kleiner, so daß die Grundsehnsüchte nach Liebe, Geborgenheit und Anerkennung, die alle Lebewesen gleichermaßen beanspruchen, in den Hintergrund treten. Die eigene Identität geht verloren und wird ersetzt durch ein übersteigertes Bedürfnis nach noch mehr Technik, Luxus und Sex. Unsere Umwelt wird weiter zerstört, und die Medizin steht trotz aller Fortschritte vor ihren eigenen Schranken. Allein in den letzten 25 Jahren hat sich die Zahl der Herzinfarkte um 200 Prozent erhöht, jeder Fünfte ist von Erkrankungen des Bewegungsapparates betroffen. Krebs und Aids sind auf dem Vormarsch.
In meiner Praxis als Heilpraktiker und Psychotherapeut habe ich es täglich mit Menschen zu tun, die trotz zahlreicher medizinischer Behandlungen keine Heilung fanden. Nun behaupte ich nicht, daß man auf die moderne Medizin verzichten kann, denn Notfälle, chirurgische Indikationen und Infektionskrankheiten gehören in die Hand des Arztes. Im Krankheitsfall sollten Sie einen Behandler konsultieren, aber sich nicht mit einer »Fünf-Minuten-Konsultation« zufriedengeben.

Der Mensch – ein unpersönliches Objekt?

Der Mensch wird heute immer noch im Rahmen der Apparate-Medizin als ein zu untersuchendes unpersönliches Objekt angesehen, »der Magen auf Zimmer 22«. Hierbei wird völlig außer acht gelassen, daß der menschliche Geist durch positive Einstellung Einfluß auf den Heilungsprozeß nehmen kann. Diese geistige Kraft hat berühmte Dichter fasziniert, wie Dante in seiner »Göttlichen Komödie« oder Johann Wolfgang von Goethe im »Faust«, wo er sagt: »Der Geist formt den Körper.«

Krankheit – ein psychosomatisches Geschehen

Darüber hinaus ist es auch in Fachkreisen viel zu wenig bekannt, daß z.B. Magengeschwüre, Rheuma oder Asthma seelischen Ursprungs sein können und somit weder durch Pillen noch durch chirurgische Maßnahmen allein geheilt werden. Gesundheit bedeutet: Harmonie von Körper und Seele.

Der heilsame Glaube

Um diese Harmonie zu erlangen, bedarf es eines Faktors, nämlich des Glaubens, des Glaubens an die Heilung. Dieser erforderliche Glaube ist immer mit dem Glauben an ein höheres Prinzip verbunden. Der Glaube an ein höheres Prinzip bedeutet allerdings nicht, daß man den personifizierten Gott oder die pantheistische Allmacht des Kosmos zugrunde legen muß. Im 16. Jahrhundert sagte der Schweizer Arzt Paracelsus: Ob der Inhalt des Glaubens nun falsch oder richtig ist, die Wirkung ist die gleiche. Im Neuen Testament erfahren wir über die Geistheilungen Christi, welcher sagt: »Nicht ich, sondern Dein Glaube hat Dir geholfen.«

Medizinische Versuchsreihen bestätigen, daß ein Placebo (Scheinmittel) wirkt, weil die Testperson glaubt, ein hochwertiges Medikament eingenommen zu haben.

Durch den Glauben werden über das Unterbewußtsein Heilkräfte freigesetzt, die den Gesundungsprozeß anregen.

Der Glaube als suggestive Kraft

In diesem Zusammenhang möchte ich auf die suggestive Wirkung des Glaubens hinweisen. Konkrete Vorstellungen und Gefühle werden über die Hirnnervenfunktionen, insbesondere über das Zwischenhirn, in den gesamten Organismus geleitet. Nehmen wir zum besseren Verständnis das Beispiel der Angst, ein emotionelles Geschehen. Angst bedeutet Enge, und wir können beobachten, wie sich die Brust zuschnürt, Blutgefäße sich verengen, Herzjagen entsteht und Zittern infolge der verkrampften Bewegungsmuskulatur einsetzt. Wenn negative, krankmachende Vorstellungen körperliche Reaktionen bewirken, so werden auch positive Vorstellungen entsprechend auf den Organismus wirken.

Das Gebet

Alle Menschen, welcher Religion auch zugehörig, haben beten gelernt.

Die einen rufen zum Herrn »Ram, Ram!« (Pandschabi: »heilig, göttlich«), andere schreien »Choda« (Persisch: »Gott, Herr«). Dort verehrt man ihn als Gosain (Hindi: »Gott, Allerhöchster«), hier unter dem Namen Allah (Arabisch: »Gott, der eine Gott«). Er wird der Urgrund und der Gnadenspender genannt. Sie bezeichnen ihn als Kerdegar (Persisch: »Schöpfer«) und Rahim (Arabisch/Hebräisch: »gütig«; im Koran richtiger »vielgeliebt«). Die Muslime ziehen nach Mekka. Die Hindus beten in Tempeln. Die indischen Religionen verehren Vedas. Christen, Juden, Muslime lesen ihre Schriften. Die einen tragen blaue, jene weiße Kutten (Herder, »Das unsagbare Glück«/Guru Ardschan im »Rag Rankali«).

Das Gebet ist eine Erhebung zu Gott, eine Kontaktaufnahme mit dem Schöpfer. Es dient uns zur Konzentration, Entspannung und Gewissenserforschung. Dieses gilt auch für Menschen, welche sich von den Weltkirchen gelöst haben. Durch das Gebet – die Meditation – kann jeder Kraft schöpfen.

Auf den folgenden Seiten finden Sie Heilgebete, die ich

aus meiner langen therapeutischen Erfahrung für Sie geschrieben habe. Dieses tat ich aus tiefster innerer Überzeugung heraus, weil ich miterleben durfte, wie Menschen durch das Gebet Linderung und Heilung fanden.

Wissenschaftliche Gebetsstudie

Über meine persönlichen Erfahrungen hinaus möchte ich Ihnen über eine Studie berichten, die ein Universitätsprofessor an der University of California in San Francisco durchführen ließ. Verschiedene Menschen, im ganzen Land verteilt, sprachen Fürbitten für Kranke, und die Ergebnisse waren verblüffend. Die Gruppe, für die gebetet wurde, benötigte weitaus weniger Antibiotika, erlitt seltener Lungenödeme und mußte kein einziges Mal intubiert werden.

Wie, wann, wo bete und meditiere ich?

Konzentration und Ruhe zu finden ist nicht immer leicht, sind wir es doch gewohnt, uns durch ständige Reize überfluten zu lassen.
Grundsätzlich können wir überall beten, allein, in Gemeinschaft, zu Hause, in der Pause am Arbeitsplatz, in der U-Bahn, in freier Natur, am Krankenbett oder in einem Gotteshaus. Das Gebet sollte zwei- bis dreimal am Tag

über einen längeren Zeitraum, zuletzt vor dem Einschlafen, verinnerlicht werden. Lesen Sie den Text ruhig und legen Sie einige Sekunden Pause zwischen den einzelnen Zeilen ein. Nach einigen Sitzungen werden Sie das Gebet sinngemäß oder wörtlich erfaßt haben, so daß Sie mit geschlossenen Augen meditieren können. Durch das Schließen der Augen, Falten der Hände und entspanntes Atmen erhöhen Sie Ihre Konzentration. Versuchen Sie, die Gebete zu visualisieren. Etwas das man glaubt und sich bildhaft vorstellen kann, wirkt intensiver.

So mögen Ihnen, lieber Leser, diese Heilgebete helfen, Gesundheit an Körper und Seele zu erhalten, Krankheiten zu lindern und zu besiegen. Lesen Sie bitte abschließend eine Zusammenfassung von Hugo von M. Enomiya-Lassalle:

»Das Verlangen nach Meditation ist im Westen niemals so groß gewesen wie in der Gegenwart. Der Mensch sucht Schutz vor der Gefahr, der Hektik des technisierten Lebens zu erliegen. Er sucht aber auch Mittel, um seelisch wieder gesund zu werden. Es ist ein großes Verlangen nach Gott zu beobachten, und das oft bei Menschen, die den inneren Kontakt mit der Kirche verloren haben. Sich wiederfinden ist in der Meditation möglich. Meditation ist kein Zeitverlust, sie läßt uns innerlich ruhiger und gefestigter werden, sie schenkt Zeit und Kraft, die Schwierigkeiten des Alltags zu meistern – für uns und zum Besten der Mitmenschen.«

Heilgebete

Allergien

In den letzten 20 Jahren haben die Allergien ständig zuge-
nommen. In den sechziger Jahren reagierte nur ein Prozent der Bevölkerung allergisch, heute sind es etwa 25
Prozent. Diese Allergiebereitschaft ist zu einem Teil auf
die Umwelt zurückzuführen.
Hinzu kommen Allergieformen, die seelischen Ursprungs
sind. Beispiele aus der Organsprache machen dies deutlich: »Mir juckt das Fell«, »Ich könnte aus der Haut fahren«.
Angst, Ärger, zu enger Lebensraum (Arbeitsplatz, Wohnung), ungelöste Konflikte (Partnerschaft, Arbeitslosig-
keit und deren Folgen) sind beispielsweise Auslöser für
diese psychisch bedingten Allergien.

Heilgebet

Alle Bemühungen, mit meinem Leiden fertig zu werden,
sind bisher fehlgeschlagen.
Mein Körper wehrt sich mit Leidenschaft
gegen etwas, was ich nicht kenne.
Ich will nicht nur klagen, Gott,
aber ich benötige dringend Deine Hilfe,

damit mir die Ursachen meiner Allergie bewußt werden
und ich aktiv an mir arbeiten kann.
Ich weiß, daß in meinem Körper
nicht alles in Ordnung ist,
aber dank Deiner Hilfe
werden sich meine körpereigenen Abwehrsysteme
gegen dieses Leiden durchsetzen.
Meine Haut regeneriert sich,
alle Hauterscheinungen sowie Juckreiz
und Schmerzen bilden sich vollkommen zurück.
Ich werde immer widerstandsfähiger
gegenüber allen allergischen Reizen,
die meinen Körper und meine Seele treffen.
Gott, ich danke Dir für Deine Hilfe.

Bildhafte Vorstellungen unterstützen den Heilungsprozeß (hineinbilden oder einbilden). Die bildhafte Vorstellung einer gesunden Haut wird ähnlich wie bei einer Fotografie in Ihrem Unterbewußtsein fixiert. Dieses fest eingeprägte Bild fördert Ihren Heilungsprozeß.

Alter – eine Krankheit?

Es scheint in der Natur des Menschen zu liegen, sich die »ewige Jugend« erhalten zu wollen, und tatsächlich geht insbesondere die Medizin auf diesen Wunsch ein. Unglaubliche Anstrengungen werden unternommen, um dieses Ziel zu erreichen, Milliarden in diese Illusion investiert. Ein Erfolg ist nicht in Sicht. Wir wissen alle, daß unsere Zeit auf dieser Erde begrenzt ist, dieses ist eine unabwendbare Tatsache. Was bedeutet es nun für uns, älter zu werden? Können wir das »Schreckensgespenst« Tod überwinden?

Grundsätzlich sehe ich das Älterwerden als einen Rückbildungsprozeß im positiven Sinne an. So bin ich fest davon überzeugt, daß wir von Gott geschaffen sind und auch zu ihm zurückkehren. Aus dieser Überzeugung heraus können Krankheit und physischer Tod überwunden werden. Wenn wir dieses erkennen, blicken wir über die vergänglichen Formen des Seins hinaus, ein erstrebenswertes Ziel liegt vor uns mit seinen unendlichen Geheimnissen. Der Geist wird zur Kraft, er überwindet Materie, Krankheit und Not.

Das Leben ist jedoch nicht nur Schicksal, dem wir tatenlos zusehen können. Es ist ein aktiver Prozeß, und dieser fordert uns ganz.

Niemand ist alt, solange er sich dem Leben zuwendet und es bejaht. Das Ideal, welches wir uns geistig geben, bestimmt, was in unserem Leben verwirklicht werden soll, es entscheidet darüber, ob wir lange jung und gesund bleiben oder ob wir früh altern. So kann jeder die Fähigkeit entwickeln, sein Leben zu verlängern. Die wenigsten Menschen wissen, daß ihre geistige Haltung eine aktive und schöpferische Energie darstellt. Wer geistig in der Jugend lebt, wer die Vorgänge der Erneuerung und Verjüngung, wie sie in unseren Zellen verlaufen, geistig in sich hervorruft, beseitigt die Vorstellungen des Alterns und der damit verbundenen Schwächen und Krankheiten. Es ist nicht schwer, den Geist jung zu erhalten, man muß nur am positiven Denken kraftvoll und energisch festhalten. So frage ich Sie: Gibt es etwas Schöneres als einen alten Menschen, dessen Herz voller Hoffnung und Freudigkeit ist, der im Alter zunehmend gütiger und weiser geworden, der den Glauben an Gott und die Menschen nicht verloren hat. Die Angst vor dem Tod ist ihm fremd, er wird in einer anderen Welt weiterleben.

Heilgebet

Gott, mein Lebensrhythmus hat sich verändert,
Körper und Geist sind müde geworden,
vieles gelingt mir nicht mehr so wie früher.
In der Wurzel, im Keim meiner Seele
spüre ich ein starkes Verlangen nach Dir,
nach Deiner Hilfe.

Ich weiß, daß ich meinen Weg allein gehen muß,
doch die Gewißheit, in Deiner Nähe zu sein,
gibt mir wieder Mut und Tatkraft.
So werde ich auf der Lebensleiter hinaufgehen,
meinen Geist aktivieren und meinen Körper fordern.
Ich wende mich ab von allen negativen Gedanken
und krankmachenden Einflüssen.
An die Stelle von Sorge und Verzweiflung
treten Harmonie und Erfüllung.
Ich lebe!

»Wenn ich einen grünen Zweig im Herzen trage, wird sich ein Singvogel darauf niederlassen« (chinesisches Sprichwort).

»Alt werden ist immer noch die einzige Möglichkeit, lange zu leben« (Hugo von Hofmannsthal).

Angst

Das Leben im Schlaraffenland: genug zu essen, warmes Klima, Faulenzen, keine Pflichten, sorgenloses und geborgenes Leben. Die Psychologie zog Vergleiche zum vorgeburtlichen Leben im Mutterleib. Durch die Geburt wird der Mensch aus diesem Schlaraffenland in die Welt gesetzt, die sich voller Gefahren befindet. Nach der Trennung von der Mutter entwickelt sich Angst, eine notwendige Angst. Ohne sie würde der Mensch in eine Scheinsicherheit verfallen.

Wird der Mensch nun mit den Anforderungen des Lebens nicht fertig, entwickelt sich eine übersteigerte Angst mit ihren Symptomen wie: Atembeschwerden, Beklemmungen, Schweißausbrüchen, Herzbeschleunigung und im Extremfall mit Orientierungsstörungen. Auf die verschiedenen Formen der Angst kann hier nicht eingegangen werden, lesen Sie bitte entsprechende Literatur, oder wenden Sie sich an einen Fachmann (Arzt, Psychologe, Psychotherapeut).

Ein typisches Zeitzeichen für die Entstehung der Angst erlebe ich täglich in der Praxis. Immer mehr Menschen, insbesondere junge Menschen, erstreben die so viel propagierte Freiheit. Sie lösen sich von Bindungen wie Tradition, Ehe, Ordnung und Religion. Dieses Loslösen macht

Antriebslosigkeit

Jeder von uns kennt Phasen der Unlust, Übermüdung und Antriebslosigkeit, die zwangsläufig durch vielfältige Anforderungen und Belastungen entstehen können (Enttäuschungen und Überforderungen im Beruf oder privat, zu hohe Zielsetzungen, Krankheiten, u.a.).

Diese Pausen sollten wir akzeptieren, sie stehen jedem Menschen zu. Wenn die Antriebslosigkeit sich jedoch manifestiert – chronisch wird, muß nach den Ursachen geforscht werden, denn zu diesem Zeitpunkt entsteht ein Leidensdruck, der Körper und Seele lähmt. Bedenken Sie bitte, daß solch ein Zustandsbild sich nicht von heute auf morgen entwickelt hat; oft sind es die kleinen, sich ansammelnden schmerzhaften Nadelstiche des Lebens, die nun plötzlich wirken. Erwarten Sie nicht eine spontane Umkehr Ihrer Situation, sondern haben Sie Geduld und gehen Sie den Weg der kleinen Schritte – mit Gott.

Heilgebet

Mein Gott, kraftlos stehe ich vor Dir,
mutlos und verzweifelt.
All meine Wünsche und Ziele

sind weit in die Ferne gerückt.
Ich fühle mich unbeweglich und müde,
darum bitte ich Dich,
spende mir wieder Kraft aus Deiner Energiequelle,
damit ich wieder hoffnungsvoll
in die Zukunft blicken kann.
So regeneriert sich mein Körper,
Dein Licht strömt in meine Seele,
es gibt mir Wärme und Selbstvertrauen.
Ich will mich annehmen und jeden neuen Tag,
den Du mir schenkst, voller Vertrauen freudig erleben.
Meine wiedergewonnenen Kräfte
teile ich mir sinnvoll ein,
und ich werde mich den Dingen zuwenden,
die mein inneres und äußeres Wesen
wieder in Einklang bringen.
Ein ganz neues Leben beginnt für mich,
ausgefüllt von Ruhe, Ausgeglichenheit,
Lebenskraft und Lebensfreude, hab Dank!

Abschließend ein Zitat aus der christlichen Schöpfungsgeschichte: »Am siebenten Tage aber ruhte Gott.« Dieses
erwähne ich aus gutem Grund, auch wenn ich mich wie-
derhole, denn wir neigen dazu, uns zu überfordern, unsere Kräfte teilweise sinnlos zu vergeuden oder unsere
Kraftreserven nicht zu erneuern. Diese Lebensbatterie
muß in Abständen überprüft werden, hierbei hilft Ihnen
die Meditation, die tägliche Meditation.

Apoplex

Der Gehirnschlag ist für den Betroffenen und seine Familie ein massiver Lebenseinbruch. Mit sehr viel Mühe und Geduld müssen Alltäglichkeiten wieder trainiert werden. Wenn der Lebenswille vorhanden ist, bessert sich der Zustand häufig deutlich, ist dieser nicht vorhanden, wird das Leben sehr leidvoll.

Ich möchte Sie ermutigen und bitten, all Ihre geistige Kraft einzusetzen und Ihren Heilungswunsch durch Beten zu aktivieren. Jeder Mensch besitzt ungeheure Energien und Kraftreserven, nutzen Sie diese jetzt.

Heilgebet

Mit einem Mal bin ich aus dem Alltagstrott
meines bisherigen Lebens herausgefallen
und suche nun bei Dir, Gott, Hilfe.
Wie wenig hab ich bisher nach Dir gefragt,
und jetzt, wo meine Zunge nicht sprechen kann,
würde ich am liebsten nach Dir schreien.
Jetzt, da eine Körperhälfte gelähmt ist,
wäre mir kein Weg in Dein Haus zu weit.
Aber noch kann ich meine Hände falten,

um wenigstens jetzt meiner Verbundenheit
mit Dir Ausdruck zu verleihen.
Ich weiß, wie wenig Aufmerksamkeit ich für
meine behinderten Mitmenschen aufgebracht habe,
nun bin ich selbst einer von ihnen.
Wie gern würde ich jetzt helfen,
da meine Augen nun geöffnet sind.
Mein Gott, durchströme mich mit Deiner Kraft
von Kopf bis Fuß.
Ich spüre, wie Dein göttlicher Heilsstrom
meine Zunge durchflutet,
ich spüre die Verbundenheit
meines Unterbewußtseins mit Dir.
Dank Deines Kraftstromes wird mein Kopf
in allen Abschnitten ausgezeichnet durchblutet.
Alle Zellen meines Gehirns werden ausgezeichnet
durchblutet und mit Sauerstoff versorgt.
Die Spannkraft meines Körpers
nimmt von Tag zu Tag mehr und mehr zu.
So kann ich mich zusehends
besser bewegen und orientieren.
Körper und Seele stabilisieren sich immer mehr.
Begleite mich auf dem Weg der Gesundung
und laß Lebenskraft in mir pulsieren.
Hilf mir bitte, wenn ich mutlos bin,
stärke mich jeden Tag aufs neue.

Die Rehabilitation nach einem Schlaganfall sollte unver-
züglich einsetzen, je früher damit begonnen wird, um so
größer sind die Erfolge.

Asthma

Nach Auffassung der Psychoanalyse führen folgende
Merkmale zum Asthma: Überbehütung in der Kindheit →
mangelndes Selbstvertrauen, starke Mutterbindung →
mangelnde Eigenverantwortung, zu hohe moralische
Ansprüche → dadurch Außenseiterposition, ein ausge-
prägtes Anlehnungsbedürfnis → auf der Suche nach Liebe
und Geborgenheit, Aggressionsstau → Verkrampfungen.
Etwa 70 Prozent aller asthmatischen Erkrankungen sind
seelischen Ursprungs. Bitte stellen auch Sie sich, lieber Leser, die Frage: Was bedrückt mich, warum verkrampfe ich
mich so, was nimmt mir die Luft zum Atmen? Habe ich
genügend inneren Freiraum, um mich zu entfalten, meine
Wunschvorstellungen und Ziele zu verwirklichen?
Vor einigen Monaten rief mich eine Frau aus dem Saar-
land an und bat um einen Behandlungstermin. Da diese
Frau schon im vorgerückten Alter von 73 Jahren war,
empfahl ich ihr, um sich eine lange Reise und Kosten zu
ersparen, in ihrer Nähe einen Kollegen aufzusuchen.
Während des Gesprächs erklärte sie mir, daß sie schon
versucht habe zu beten, dieses jedoch nicht gelungen sei,
da sie nicht wisse, wie und was sie beten solle. Ich bat sie
daraufhin, folgenden Text niederzuschreiben:

Heilgebet

Gott hilf mir, Du bist der Odem des Lebens.
Mit Deiner Hilfe gelingt es mir,
immer und überall entspannt zu atmen.
Mir ist bewußt, daß ich mit jedem Atemzug
Deine Kraft in mir aufnehme.
Nimm alle Belastungen, die mich einengen
und mir die Luft zum Atmen nehmen, von mir.
So werde ich mit jedem Atemzug
tief und ruhig atmen,
die Atemmuskulatur entspannt sich
in allen Abschnitten.
Alle Verspannungen und Verkrampfungen
lösen sich vollkommen auf.
Mein Selbstvertrauen wird immer stärker,
und dabei lerne ich meine Umgebung anzunehmen
und tolerant zu sein gegenüber meinen Mitmenschen.
In Zukunft will ich all meine Gefühle äußern,
und so wird es mir dank Deiner Hilfe
von Tag zu Tag besser gehen,
denn ich weiß, Du bist fähig, mir zu helfen.
Ich atme ganz frei, ganz leicht.

Nach einigen Wochen rief mich diese Frau erneut an und berichtete, daß sie innerlich viel freier und aufgeschlossener geworden sei und daß keine Asthmaanfälle mehr aufgetreten sind.

Beten Sie, und öffnen Sie Ihre Arme ganz weit (tun Sie dieses tatsächlich), lassen Sie alles Negative mit jedem Atemzug aus sich heraus und nehmen Sie statt dessen Gottes Kraft in sich auf. Er wird Ihnen helfen.

Ergänzen Sie den Gebetstext auch durch eigene Formulierungen und meditieren Sie mindestens zweimal täglich jeweils 10 bis 15 Minuten im Liegen oder im Sitzen.

Parallel zur Meditation sollte der Asthmakranke im Gegensatz zu früheren Meinungen körperlich aktiv werden. Ein vernünftig aufgebautes Schwimmtraining, therapeutisches Reiten und rhythmische Gymnastik sind sinnvolle Maßnahmen zur Gesundung. Befragen Sie Ihren Behandler. Krafttraining ist nicht zu empfehlen.

Behinderung

Jede Behinderung, ob leicht, mittel oder schwer, ist für den Betroffenen immer ein schweres Los.
Durch meine Kontakte zu Personen dieser Erkrankungsgruppe lernte ich zwei unterschiedliche Menschentypen kennen. Die einen waren trotz ihrer Behinderung aktiv und lebensbejahend, die anderen waren inaktiv und lebensverneinend.
Es ist unbestritten, daß eine positive Einstellung zu sich selbst und der Umwelt insbesondere im Krankheitsfall Leiden erträglicher macht und Heilungsprozesse vorantreibt.
Gedanken sind Kräfte, und diese geistigen Kraftimpulse sind unentwegt damit beschäftigt, unseren Charakter und unser Leben zu formen und umzuformen. Wir können den Folgen der Gedanken nicht entfliehen, wir werden, was wir denken.

Heilgebet

Ein langer Weg der Verzweiflung liegt hinter mir.
Warum gerade ich – diese Frage bestimmte
bis heute mein Leben.

Du, Gott, weißt die Antwort,
und durch Dich will ich mich
in meinem Denken erneuern.
So wird wieder Lebensmut,
Selbstbewußtsein und Fröhlichkeit
in mich einkehren.
Meine ganze geistige Kraft werde ich einsetzen,
um meine Zukunft aktiv zu gestalten.
Hilf mir, trübe Stimmungen zu überwinden,
und fülle mein Herz mit Liebe und Vertrauen.
Gib meinem Körper Widerstandskraft und Energie,
um allen Anforderungen gewachsen zu sein.
Lindere meine Schmerzen und fördere
die Funktionsfähigkeit meiner inneren Organe.
Gott, ich lege mein Leben
vertrauensvoll in Deine Hand.

Jeder Mensch kann sich, egal in welch einer Situation, auch immer von negativen Gedanken befreien. Man braucht nur eines zu tun, man muß die entgegengesetzten Gedanken aufrufen, diese sind das unfehlbare Gegenmittel.

Beispiele: Mir geht es schlecht – mir geht es gut. Ich kann nicht – ich kann. Ich weiß nicht – ich weiß. Üben Sie dieses Denken! Nach einigem Training werden Sie es schaffen.

Bluthochdruck

Neben dem Herzinfarkt nimmt der Bluthochdruck einen obersten Platz in den medizinischen Statistiken ein. Die Atombombe von Hiroshima tötete etwa 90000 Menschen. Fast 500000 Menschen erleiden jährlich einen Herzinfarkt, hieran ist der Bluthochdruck im wesentlichen mit beteiligt.

Weitestgehend unbeachtet blieb bis heute der psychosomatische Bluthochdruck, und diesem gilt mein besonderes Interesse. Streß, Ärger, Angst wirken über das vegetative Nervensystem auf Herz, Kreislauf und Gefäße, also unmittelbar auch auf die Blutdruckregulation. Was können wir tun? Positiv auf dieses vegetative Nervensystem einwirken durch Meditation, damit aus Ärger Freude wird, aus Streß Gelassenheit, aus Angst Lebensmut.

Heilgebet

Seit geraumer Zeit muß ich nun Tabletten schlucken,
wahrscheinlich bis an mein Lebensende,
hat der Arzt gesagt,
denn mein Blutdruck ist zu hoch.
Aber wenn ich mir die vielen

Nebenwirkungen vor Augen führe,
dann möchte ich doch einen anderen Weg einschlagen.
Ich weiß, daß die größte Kraft
in mir selber liegt.
Deshalb will ich alles, was drückt,
Sorgen, Probleme, Haßgefühle und Neid, ablegen,
denn Druck erzeugt Gegendruck.
Ich weiß, daß Streitigkeiten
die Gefäße zusammenziehen
und folglich der Blutdruck steigt.
Deshalb suche ich Verbindung
zu meinem innersten Wesen.
Diese innere Kraft macht mich klar und einsichtig.
Mit dieser Kraft trage ich meinen Teil dazu bei,
das Zusammenleben und -arbeiten harmonisch
und zum Besten aller zu gestalten.
Ich liebe meine Mitmenschen,
und diese Liebe durchflutet meinen ganzen Körper.
Ich bin ganz ruhig und entspannt,
und all meine Gefäße sind entspannt.
Diese Harmonie soll durch mein
ganzes Wesen nach außen strahlen.
Der Blutdruck normalisiert sich,
er paßt sich allen Anforderungen und Belastungen an.
Ich fühle, wie diese Kraft in mir
alles zum Guten lenkt.
In mir ist Kraft, Gesundheit und Liebe.

Dieses wie alle anderen Gebete sind Meditationstexte, die Sie durch eigene Gedanken erweitern können. Wenn lebensnotwendige Medikamente genommen werden müssen (Arzt fragen) – dieses trifft häufig auf den Bluthochdruck zu –, so rate ich Ihnen, diese weiterzunehmen und zusätzlich die Gebetsmeditationen täglich durchzuführen. Oft konnte so die Einnahme von Medikamenten reduziert oder völlig eingestellt werden (Arzt fragen).

Darmträgheit

Die Darmträgheit, oder wie Fachleute sagen, die Obstipation, ist ein weitverbreitetes Übel. Unnatürliche Lebensumstände, denaturierte Nahrung und Streß sind Entstehungsgründe für diese Krankheit. Darüber hinaus sind psychosomatische Störungen die Ursache.
Die Therapie der Verstopfung ist heute gar kein Problem mehr, höre ich viele Leserinnen und Leser sagen. Abends vor dem Schlafengehen eine Tablette, und am nächsten Morgen funktioniert die Verdauung. Diese Aussage ist nur zum Teil richtig. Durch die Abführmittel bekommt der Darm die Sporen und ist gezwungen, durch eine gesteigerte Peristaltik schneller zu arbeiten. Bewußt habe ich den Ausdruck Sporen benutzt, denn was geschieht vergleichsweise mit einem Pferd, dem man immer wieder die Sporen gibt? Richtig, es wird müder und müder, wird immer störrischer, bis es zusammenbricht. Das gleiche wird dem Darm angetan, auch er bricht in seiner Funktionsfähigkeit zusammen. Die weiteren Folgen: Es müssen immer mehr Abführmittel genommen werden, um die Darmfunktion aufrechtzuerhalten. Früher oder später setzen dann Herzstörungen ein, weil es durch die Abführmittel zu Kaliumverlusten kommt. Das ist die medizinische Seite.

Wie bereits zu Anfang festgestellt, gibt es auch körper-lich-seelische Ursachen für die Darmträgheit. Überprüfen wir uns doch etwas genauer. Wie ist es um unsere innere Gelassenheit bestellt, sind wir nicht ständig angespannt und verkrampft? Versuchen wir nicht, den Mammon anzuhäufen, ihn festzuhalten, um ja nichts zu ver-lieren? Können wir mit offener Hand freudig geben von unserem Überfluß? Nicht geben können – weder Liebe noch Geld –, prägt das Bild des obstipierten Menschen. Besitzverlust kann er nicht ertragen, sein Verhalten ist ge-prägt durch Mißtrauen, Stimmungsschwankungen und Geiz.

Im letzten Abschnitt finden wir die Worte »anhäufen«, »festhalten«, »verlieren«, »nicht geben können«. Der Oberbegriff könnte sein: Verstopfung.

Dieses soll nun nicht heißen, daß wir uns von allem tren-nen, daß wir auf unser Auto, auf unsere Urlaubsreise, auf Küchenmaschinen oder Fernseher verzichten müssen. Doch ein inneres »Sich öffnen, loslassen und entspannen« sind Voraussetzungen zur Normalfunktion.

Heilgebet

Gott, der Du uns geschaffen hast
mit all unseren Unzulänglichkeiten
des Körpers und der Seele, erhöre mein Rufen.
Ich habe gefehlt in meiner Selbstsucht
und im Bestreben, alles für mich zu behalten.
Ich stehe nun vor Dir mit dem innigen Wunsch,

mich lösen zu können von all den
egoistischen Gedanken und Taten,
die ich in der Vergangenheit zu denken
oder zu tun imstande war.
Bitte gib mir die Kraft dazu, und hilf mir,
daß meine Verdauungsvorgänge sich normalisieren,
mein Darm in allen Abschnitten
wieder funktionsfähig wird.
Gib mir auch die Möglichkeit,
mich von den Ballaststoffen des Körpers zu lösen,
damit mein Organismus sich reinigt.

Dieses Gebet sollten Sie jeden Abend, bevor Sie zu Bett
gehen, verinnerlichen. Da die Darmträgheit eine oft über
Jahre entstandene Fehlfunktion darstellt, ist sie wie jedes
andere chronische Leiden dementsprechend hartnäckig.
Es bedarf einer intensiven Durchführung der Meditation.
Wenn die Darmfunktion sich nach einiger Zeit normalisiert hat, danken Sie Gott durch folgendes Gebet:

Gott, ich danke Dir,
denn mein Darm arbeitet jetzt wieder ganz normal,
ich fühle mich körperlich und seelisch erleichtert.
Täglich will ich mir meine guten Vorsätze
vor Augen halten und in Zukunft offener,
freier und großzügiger sein.

Depressionen

Beim depressiven Menschen liegt eine lebensverneinende Grundhaltung vor, die sich äußert in einem tiefbedrükkenden Stimmungszustand. Er wirkt antriebsarm, inaktiv, verstimmt, ängstlich, grüblerisch und zum Teil auch aggressiv. Ein schweres Krankheitsbild, dem von der Umgebung wenig Verständnis entgegengebracht wird. Die Ursachen und Formen der Depression können hier nicht abgehandelt werden, dieses Gebiet ist so umfangreich, daß die Seiten dieses Buches nicht ausreichen würden. Im wesentlichen handelt es sich um einen Zusammenbruch der »inneren Welt« mit der Lähmung des eigenen Ich-Bewußtseins, so daß das tägliche Leben zu einer kaum zu bewältigenden Aufgabe wird.

Der lebensverneinenden Grundhaltung des depressiven Menschen steht die Forderung »Liebe Deinen Nächsten wie Dich selbst« gegenüber. Dieses »Dich selbst lieben« ist die Selbstbejahung. I. H. Schulz, der Begründer des Autogenen Trainings, spricht von einer Pflicht der Selbstbejahung, die jedem Menschen auferlegt ist. Die Selbstbejahung muß das Ziel einer jeden Behandlung bei Depressionen sein, und so soll das Heilgebet Ihnen helfen, dieses Ziel zu erreichen. Die Annahme Ihrerselbst ist die Basis zur Veränderung.

Heilgebet

Ein reißender Strom treibt mich willenlos fort,
ohne Ziel und Hoffnung.
Meine Sinne und Gefühle sind zu Eis erstarrt,
kein Feuer wärmt mich mehr.
Endlose Nächte kriechen dunkel dahin
– wo ist das Licht?
Gott, ich höre Deine Stimme,
ich spüre Deinen heilsamen Atem,
bitte hilf mir in meiner Verzweiflung,
schenke mir wieder Energie und Lebensfreude.
So werden sich bejahende und aufbauende
Gedanken in mir durchsetzen,
ich werde zunehmend fähiger,
mein Leben wieder in die Hand zu nehmen.
Mein ganzes Wesen wird durchdrungen
von Liebe und Zuversicht.
Meine täglichen Aufgaben werde ich wieder
erfüllen und meinen Pflichten nachkommen.
Ich weiß durch Dich,
daß ich ein ganz normaler Mensch bin
mit ganz normalen Fähigkeiten,
Funktionen und Reaktionen.
Nichts und niemand kann mich beunruhigen,
beängstigen oder verunsichern.
Mir geht es täglich besser,
ich bin entspannt, ruhig und gelassen.
Wo immer ich bin, was immer ich tue,
ich weiß, Du mein Gott, bist da.

Nachdem Sie nun dieses Gebet gelesen haben, möchte ich Sie auffordern zum fortlaufenden Meditieren. Ich weiß, daß es Situationen gibt, in denen Ihnen sogar das Beten schwerfällt. Dennoch muß ich darauf hinweisen, daß der erste Schritt zur Gesundung von Ihnen getan werden muß, denn diesen Schritt nimmt Ihnen niemand ab. Ein Ziel scheint manchmal unerreichbar, insbesondere wenn der Weg weit ist und erst wenige Schritte getan sind. Nach einer Weile des Gehens wird das Ziel ganz deutlich vor Ihnen erscheinen, vergessen sind alle Mühsal und Sorgen, die hinter Ihnen liegen. Sie haben Ihr Ziel erreicht.

Diabetes mellitus

Es handelt sich hierbei um eine Störung im Zuckerstoff-
wechsel infolge eines Insulinmangels. Dieses Hormon, in
der Bauchspeicheldrüse gebildet, steuert die Verwertung
des Zuckers. Es wird, abgesehen vom Altersdiabetes
(Tabletten), in Injektionsform vom Patienten gespritzt.
Achtung: In keinem Fall darf das Insulin in der Dosis reduziert oder gar abgesetzt werden. Hierüber entscheidet der
Arzt. Das Leistungsvermögen und Wohlergehen des Dia-
betikers ist zum erheblichen Teil abhängig von seiner seelischen Verfassung. So müssen Ärger und Anspannung
vermieden werden. Dies erreichen Sie so:

Heilgebet

*Gott, ich bin mir bewußt, daß sich Körper
und Seele in Harmonie befinden müssen.
Meine Aufgabe ist es,
täglich diese Harmonie herzustellen,
doch dieses gelingt mir nicht immer.
So bin ich auf Deine Hilfe angewiesen.
In der Einheit mit Dir fühle ich mich
kraftvoll und lebensbejahend,*

geborgen und entspannt.
Durch Dich empfange ich
die notwendige Zuversicht und Ruhe.
In Zukunft werde ich
meine Energien sinnvoll einsetzen,
Ärger und Streß an mir vorbeiziehen lassen,
damit mein Nervensystem ausgeglichen
und widerstandsfähig wird.
Mein ganzer Körper regeneriert sich
von Grund auf, meine Bauchspeicheldrüse
ist ausgezeichnet durchblutet,
sie paßt sich allen Anforderungen
und Belastungen an.
Voll Ruhe und Selbstvertrauen
werde ich jeden Tag beginnen,
all meine Probleme lösen
und Dir danken für Deine Hilfe.

Die Praxis zeigt, daß die Mehrheit der Diabetiker nachlässig mit ihrer Krankheit umgeht. Mahlzeiten und Injektion werden unregelmäßig durchgeführt, ärztliche Kontrolle ignoriert und Diätvorschriften nicht eingehalten. Um Spätfolgen möglichst auszuschließen, sollten Sie die obengenannten Punkte berücksichtigen. »Vorbeugen ist besser als Heilen.«
Das Heilgebet bitte morgens im Bett nach dem Erwachen und abends vor dem Einschlafen durchführen. Während der Meditation legen Sie die linke oder rechte Hand in die Nähe der Bauchspeicheldrüse, dadurch entsteht ein enger Kontakt zu diesem Organ.

Die werdende Mutter

Nicht jede Schwangerschaft verläuft komplikationslos. Erbrechen, Stimmungsschwankungen, Depressionen, Aggressionen und Euphorie sind – und dieses sollte jede Frau wissen – natürliche Begleiterscheinungen einer Schwangerschaft.

Die regelmäßige Betreuung durch den Behandler Ihres Vertrauens und das anschließende Gebet werden Ihnen über die erwähnten Schwierigkeiten hinweghelfen. Durch Ihre positive Einstellung werden Sie leistungsfähig und allen Anforderungen und Belastungen gewachsen sein.

Heilgebet

Ich darf nun das Wunder des werdenden Lebens
am eigenen Leibe verspüren.
Ich weiß, daß mein werdendes Kind
all meine Reaktionen,
die guten und die schlechten,
in seinem Unterbewußtsein wahrnimmt.
Deswegen will ich eine freudige Mutter sein,
denn Schwangerschaft ist keine Krankheit,

sondern ein wunderbarer Schöpfungsprozeß.
Ich will mich bewußt gesund ernähren,
um die besten Bausteine
für mein Kind zur Verfügung zu stellen.
All meine Organe wie Magen, Darm, Herz,
Kreislauf und Lunge arbeiten ganz normal.
Ich bin gesund und werde mit Deiner Hilfe,
Gott, ein gesundes Kind zur Welt bringen.
Ich bin stolz darauf, eine Mutter zu werden.
Freudig will ich die Verantwortung
für mein Kind übernehmen.

Meditieren Sie möglichst täglich gleich nach dem Erwachen und wieder vor dem Einschlafen. Schenken Sie auch dem Gebet zur Geburt Ihre Beachtung.

Ekzem/Hauterkrankungen

Die Haut ist neben Darm und Nieren das größte Aus-
scheidungsorgan unseres Körpers und steht als Schutzor-
gan in direktem Kontakt zur Umwelt. Ekzeme sind sehr
hartnäckige Hauterkrankungen, welche sich aber – und
das hat die Praxis erwiesen – mit Meditation wunderbar
beeinflussen lassen. Auch hier gilt wieder die Unter-
scheidung zwischen körperlichen und psychischen
Entstehungsmechanismen.
Je nach Gemütserregung kann ein Ekzem aufblühen oder
abklingen. Die Therapie sollte neben physikalischen und
medikamentösen Anwendungen unbedingt die geistige
Einflußnahme beinhalten. Nach dem Gebet sollten Sie
sich unbedingt eine reine, glatte und elastische Haut visualisieren. Sie erleben oft schon nach wenigen meditati-
ven Sitzungen eine deutliche Besserung.

Heilgebet

Wenn ich mich so anschaue,
dann würde ich am liebsten weinen.
Deshalb bitte ich Dich, Gott, um Kraft,
damit ich erkenne, daß jede Krankheit ihrem Träger

etwas sagen und neue Wege weisen kann.
Gib mir die nötige Geduld,
um den körperlichen Heilungsprozeß
in froher Erwartung zu ertragen.
Ich weiß, daß die Haut ein Kontaktorgan ist
und auch mein Verhältnis
zu meinen Mitmenschen widerspiegelt.
Deshalb will ich offen und ehrlich sein
und versuchen, wenigstens einmal täglich
Freude zu bereiten. Und diese Freude,
die ich bringe, ist die beste Medizin.
Ich weiß, daß von nun an meine Haut
immer glatter und schöner wird.
Die Haut kann sich in allen Schichten
von Grund auf erneuern.
Täglich bauen sich die Entzündungen
mehr und mehr ab.
Mein Blut- und Lymphstoffwechsel
regeneriert sich, alle Schlacken verlassen
meinen Körper ganz normal.
Säure- und Fettgehalt der Haut sind ausgewogen.
Nichts kann den Heilungsprozeß aufhalten.
Ich fühle, wie das Neue von innen nach außen drängt.
Nichts kann die Heilung mehr bremsen,
und immer schöner und schöner wird die Haut.

Wichtig: Eine Anregung aus der Naturheilkunde. Essen Sie kein Fleisch, schon gar kein Schweinefleisch, denn es enthält für Ihren Organismus und speziell für die Haut schädliche Substanzen, ja Sie können durch den »Genuß«

von Fleisch und Wurst Hauterkrankungen in ihrer Entstehung begünstigen.

Die Aufnahme von Zucker sollte möglichst vermieden werden, er wirkt sich, und darüber sind sich alle Naturheilkundler einig, negativ auf die Haut und den Stoffwechsel aus.

Ein Verfahren, schon von Pfarrer Kneipp angewandt, ist das Anlegen eines Salzhemdes. Ein Baumwollhemd, getränkt in einer Spezial-Meersalzlösung, wird angezogen und etwa 20 Minuten auf dem Körper belassen. Eine empfehlenswerte Methode bei Hauterkrankungen (s. Worterklärungen S. 120).

Gallenleiden

Gallensteine, Gallenblasenentzündung, Gallengangentzündung, Gallenkoliken, werden seit dem letzten Krieg als »Wohlstandskrankheiten« bezeichnet. Dementsprechend werden unzählige Therapien angeboten wie Diäten, Heilnahrung, Tees und Medikamente aller Art. All diese Maßnahmen haben sicher ihre Berechtigung, um Koliken zu lösen, den Gallenfluß in Bewegung zu bringen oder Entzündungen abzuheilen. Diese rein symptomatischen Behandlungen erfassen die oft seelischen Ursachen keineswegs, so daß oft eine Operation oder eine lebenslange Behandlung notwendig wird.

Die Gallenblase ist ein Muskel, welcher selbstverständlich auf emotionelle Reize reagiert: Sie ist bei Freude entspannt, bei Ärger verkrampft.

So möchte ich die Gallenleiden bis auf wenige infektiöse und ernährungsbedingte Krankheiten zusammenfassen unter dem Begriff der Organneurose. Dieses heißt nun nicht, daß der gesamte Mensch in seiner Struktur neurotisch ist. Es ist aber bekannt, daß sich alle negativen Spannungen einen Blitzableiter suchen – das Organ mit dem geringsten Widerstand. Bei dem einen ist es der Darm oder die Lunge, hier eben ist es die Gallenblase.

Das Ziel der folgenden Meditation ist, mit Gottes Hilfe

Entspannung zu finden und Heiterkeit und Liebe aufzunehmen. Spürbar wird sich dieses im ganzen Organismus, in allen Organen mit vollen Erfolg durchsetzen.

Heilgebet

Mein ganzes Leben ist ein einziger
Spannungszustand, und ich weiß,
daß meine Gallenblase darunter leiden muß.
Immer wiederkehrende Schmerzen
quälen mich seit langer Zeit,
so daß ich keinen Rat mehr weiß
und Dich, Gott, um Hilfe bitte.
Gib mir mehr Verständnis für meinen Körper,
hilf mir, Spannungen durch Ruhe und
Gelassenheit zu ersetzen.
Löse alle negativen Erlebnisse,
die sich in mir angesammelt haben,
wie Angst, Unsicherheit, Haß und Zorn.
So will ich wieder freudig
jeden neuen Tag beginnen,
Ärger und Streß vermeiden,
ausgeglichen, locker und gelöst sein.
Meine Gallenblasenmuskulatur entspannt
sich in allen Abschnitten,
die Gallenflüssigkeit kann ungehindert abfließen,
alle Schmerzen lassen nach
dank Deiner Hilfe, Gott.

Wir müssen lernen, uns vor negativen Einwirkungen zu schützen, indem wir im Gebet ihre Wirklichkeit verneinen. Dadurch wird das Denken klar, und wir können uns zielgerichtet positiv orientieren.

Beständiges Meditieren und positives Denken bilden einen Schutzwall gegen negative krankmachende Einflüsse auf Körper und Seele. Die Wirkung entsteht durch dauerhaftes Training, nicht durch den einmaligen Versuch. Jeder einzelne Schritt, den Sie nach vorne tun, zählt auf dem Weg zum Erfolg.

Gebet für das kranke Kind

Das Kind wird in eine Welt geboren, in der es Heil und Freude erwartet. Auch die Eltern wünschen sich für ihr Kind diesen Idealzustand. Doch wie oft erfahren wir, daß Kummer und Leid, Enttäuschung, Schmerz und Krankheit diese Hoffnung zunichte machen. Durch die körperliche und seelische Bindung zwischen Kind und Eltern entsteht eine Einheit, die bei Erkrankung des Kindes besonders deutlich wird. Das Kind erwartet Trost und Hilfe, die Eltern sorgen sich und trösten das Kind ihrerseits. Für Gott steht das Kind unter einem besonderen Schutz. Beten Sie für Ihr krankes Kind.

Heilgebet

Voller Sorgen blicke ich auf mein krankes Kind,
es ist hilflos und allen
Gefahren des Lebens ausgesetzt.
Sein Körper wehrt sich gegen das Leiden,
er ist kraftlos und verletzt.
Gott, hilf, daß mein Kind die Krankheit
schnell überwindet, stärke seine Abwehrkräfte,
und laß Heilendes in ihm keimen.

Lege Deine schützende Hand über den
kleinen Körper, damit er bald gesundet.
Gib meinem Kind einen ruhigen Schlaf,
so wird es am Morgen frohen Mutes erwachen.
So will ich Dir danken dafür,
daß Du mein Gebet erhörst.
Gib auch mir die Möglichkeit,
heilend auf mein Kind einzuwirken.
Ich stelle mein Kind unter Deinen Schutz.

Nachfolgend gebe ich Ihnen einen Text, den Sie mit Ihrem Kind zusammen beten können, unabhängig davon, ob es den Inhalt versteht oder nicht. Wenn das Kind lesen kann, lassen Sie den Gebetstext vorlesen.

Lieber Gott, meine Eltern (oder Vater oder Mutter) und ich bitten Dich um Hilfe. Laß mich bald wieder gesund werden, damit ich in die Schule (den Kindergarten) gehen und mit meinen Freundinnen und Freunden spielen kann. Schenke mir bitte einen ruhigen Schlaf, so daß ich morgen früh frisch und munter erwache und Dir danken kann. Es wird mir immer besser gehen, hab Dank für Deine Hilfe.

Geburt

Im Vordergrund einer zu erwartenden Geburt steht immer wieder die Schmerzerwartungsangst. Diese Angst ist noch weit verbreitet, obwohl gerade in den letzten 20 Jahren Methoden zur Geburtserleichterung eingesetzt werden.

Hierbei bieten sich an: »Die Erziehung zur Geburt ohne Angst« (Read-Dick), die Hypnose, Autogenes Training, das Biofeedback und die Heilmeditation. Alle Methoden beinhalten das gleiche Ziel: die Schmerzreduzierung durch vegetative muskuläre Entspannung und positive Einstellung bzw. positive Erwartungshaltung. Welche Methode Sie auch wählen, das anschließende Heilgebet gibt Ihnen Kraft und Zuversicht.

Heilgebet

Neun Monate sind eine lange Zeit,
aber nun ist alles Unbehagen klein geworden
gegen die große Erwartung, daß ich das Wunder
einer Geburt selber erleben darf.
Gott, ich möchte Dir zuerst danken
für Deinen Segen, den Du bisher gegeben hast,

damit mein Kind wachsen und gedeihen konnte.
Für die bevorstehenden Stunden möchte ich mich
in fester Gewißheit unter Deinen Schutz stellen.
Diese Gewißheit macht mich ganz leicht und froh,
und ich kann mich vollkommen entspannen.
Die Freude, die ich empfinde,
soll sich in meinem Kind zeigen,
und sie soll abstrahlen an alle,
die mit ihm in Berührung kommen,
sei bei mir und halte mir die Hand.

Mit der Geburt Ihres Kindes leisten Sie einen wertvollen Beitrag innerhalb der Schöpfungsgeschichte. Unmittelbar nach der Geburt erleben Sie die dankbarsten Augenblicke Ihres Lebens, Sie selbst fühlen sich vollkommener und wertiger.
Im folgenden möchte ich Ihnen noch einige Gedanken mitteilen, die Sie in Vorbereitung auf die Geburt in sich wirken lassen sollten:

Zu Beginn der Geburt werde ich in einen angenehmen schläfrigen Zustand fallen. Mein Atem kommt und geht regelmäßig und ruhig, alle Muskeln entspannen sich. So-bald ich eine Wehe spüre, atme ich ganz automatisch, es kommt sofort das Entspannungsgefühl, welches mich fest umschließt. Dieses Erlebnis hilft mir, alle Schmerzen zu ertragen. Bei jedem Zusammenziehen der Becken- und Bauchmuskulatur atme ich tief ein und wieder aus. Die Geburt verläuft durch meine positive Einstellung ganz normal. Ich weiß, daß ich es schaffe.

Der Vorgang der Geburt ist keine Krankheit, sondern ein ganz elementares natürliches Geschehen. Danken Sie Gott für die Gnade der Geburt, und freuen Sie sich auf Ihr Kind. Ein neuer Lebensabschnitt beginnt und eine große, schöne Aufgabe wartet auf Sie.

Gehör

Ab dem 50. Lebensjahr nimmt die Hörfähigkeit allmählich ab, diese Entwicklung ist physiologisch. Krankhafter Gehörverlust wie ein akuter Hörsturz (Ursachen: Spasmen der Gefäße des Innenohrs, Infektionskrankheiten, Wirbelsäulenleiden, Streß u.a.) muß sofort klinisch behandelt werden, die Sofortmaßnahmen sind für die Wiederherstellung der Hörfähigkeit entscheidend.

Des weiteren sind psychosomatische Zusammenhänge bei Nachlassen der Hörfähigkeit unbestritten. Einem Patienten gelang es, sich den Streitigkeiten innerhalb seiner Familie zu entziehen, indem er schwerhörig wurde. Nach eingehenden Gesprächen, die ich auch mit seinen Familienangehörigen führte, besserte sich sein Zustand deutlich. Intensive Meditation unterstützte den Heilungsprozeß nachhaltig.

Bei den oben beschriebenen Entstehungsursachen wirkt das folgende Heilgebet. Am Ende des Textes empfehle ich Ihnen ein für jeden durchführbares Gehörtraining.

Darüber hinaus ist eine routinemäßige Untersuchung der Gehörfähigkeit spätestens ab dem 60. Lebensjahr durch den Ohrenarzt sinnvoll. Vielfach wird das Nachlassen des Hörvermögens vom Betroffenen selbst nicht bemerkt, er kompensiert dieses durch häufigeres Nachfragen. Bekannt ist auch, daß Schwerhörigkeit zur Isolation führen kann. Die Folge sind Depressionen.

Heilgebet

Nicht immer habe ich Dir, Gott,
für meine Gesundheit gedankt.
Dieses möchte ich nun tun und Dich
gleichzeitig bitten, mir zu helfen,
denn mein Gehör hat sich verschlechtert.
Ich möchte wieder all den Klängen der Musik,
dem Rauschen der Bäume
und den Stimmen der Menschen lauschen können.
Genauso möchte ich auch wieder Dein Wort hören,
damit aus einem Hörer ein Täter wird.
Hilf, daß mein Ohr wieder besser durchblutet wird
und Gehörknöchelchen und Gehörnerven
sich regenerieren.
Ich will wieder in mich hineinhorchen,
damit ich alles erfahre, was mich bedrückt.
Wenn ich mich in der Vergangenheit
zu sehr verschlossen habe,
so will ich mich jetzt wieder öffnen,
öffnen auch für meine Mitmenschen.
Meine Hörfähigkeit nimmt immer mehr zu.
Es geht mir von Tag zu Tag besser.

Im Anschluß an das Gebet beginnen Sie mit geschlosse-nen Augen das Gehörtraining. Versuchen Sie, Ihre Umgebung im Umkreis von etwa drei bis fünf Metern akustisch wahrzunehmen. Achten Sie auf jedes einzelne Geräusch. Erweitern Sie nach der nächsten Meditation den Radius, konzentrieren Sie sich auf Ihre Wohnung oder Ihr Haus, über den Garten hinaus zur Straße bis hin zu weiter entfernten Zielen wie Kirche (Glockenschlag), Sportplatz u.a. Die Übungszeit ist abhängig von Ihrer Wahrnehmungsfähigkeit. Sie sollte jedoch 10 Minuten nicht unterschreiten.

Leben heißt Erleben. Es ist ein Prozeß der täglichen Erneuerung, des Trainings aller Sinne und Funktionen.

Gesunderhaltung

Mensch und Maschine – kann man beide miteinander vergleichen? Insofern ja, daß beide regelmäßig »gewartet« werden müssen. Für das Auto beispielsweise ist uns keine Inspektion zu teuer, um mögliche Schäden im Vorfeld zu erkennen und zu vermeiden.

Wie steht es mit dem Menschen? Besitzen Sie, lieber Leser, ein Wartungsbuch?

Immer noch gilt der bekannte Satz: Vorbeugen ist besser als Heilen. Körper und Psychohygiene sind unabdingbare Voraussetzungen zur Gesunderhaltung von Leib und Seele. Hierzu einige Anregungen:

Körperhygiene: Die tägliche Reinhaltung unseres Körpers sollte selbstverständlich sein. Bewegung und frische Luft lassen jede Zelle atmen. Entschlackungskuren (Fasten- und Trinkkuren) reinigen die inneren Organe. Eine ausgewogene vielseitige Ernährung (lebende Vitalstoffe wie Rohkost, Gemüse, Obst) stärkt den Organismus. Abwehrsteigernde Maßnahmen wie Sauna, Gesundheitstees, Vitamine, Mineralien, Honig, Blütenpollen usw. aktivieren das Immunsystem.

Dazu gehören körperliche Check-ups wie Blutuntersuchungen, Zahnkontrollen und dergleichen, um frühzeitig Schäden zu erkennen und zu verhindern. Weitgehender

Verzicht auf Genußmittel (Tabak, Alkohol, Süßigkeiten) entlasten den Stoffwechsel. Ausreichender Schlaf zur richtigen Zeit schafft Spannkraft.

Psychohygiene: Eine mindestens wöchentlich durchgeführte Psycho-Bilanz zeigt uns, wo wir stehen. Tägliches Meditieren, tägliches Beten, hilft uns, den Anforderungen des Alltags gewachsen zu sein. Lachen (dabei ruhig auch einmal in den Spiegel schauen) lockert und löst Spannungen und schafft Lebenskraft und Lebensfreude. Positives Denken fördert das Selbstwertgefühl und die Zuversicht. Autogenes Training, Yoga und Tanz vitalisieren und entspannen. Sich Ziele setzen heißt, den Blick nach vorn richten, um Stillstand zu vermeiden. Ärger von der Seele sprechen erleichtert und macht frei. Freundschaften schließen verhindert Einsamkeit.

Beten Sie morgens möglichst noch vor dem Aufstehen.

Heilgebet

Ein neuer Tag beginnt,
und ich möchte Dir, Gott, danken,
daß ich aus eigener Kraft aufstehen kann.
Dieses alles ist nicht selbstverständlich,
sondern ein täglich dankenswertes Geschenk.
Ich höre, fühle und rieche,
diese Eigenschaften sind Schätze,
die einem dann erst richtig bewußt werden,
wenn sie fehlen.
Hab auch Dank dafür,

daß meine Glieder mir gehorchen.
Erhalte mir meine Gesundheit,
wende Krankheit und Leid von mir ab.
Durchströme mich mit Deinem lebendigen Geist
und lasse diesen durch mich nach außen strahlen.
Lebenskraft und Lebensfreude nehme ich in mir auf,
und diese will ich weitergeben an die,
die auf Hilfe und Zuspruch angewiesen sind.
Stärke meinen Körper und meine Seele,
damit ich gesund durchs Leben gehen kann.

Solange es uns gut geht und wir gesund sind, benötigen wir keine Hilfe. Erst im Krankheitsfall besinnen wir uns und stellen fest: Hätte ich doch . . . Besinnen Sie sich jetzt – heute.
»Wer stillsteht, auf den kommen die Dinge zu« (Gottfried Benn).

Herz

Das Herz als Sitz der Seele? Als ein wichtiges Körperorgan vollbringt es unvorstellbare Leistungen. Es schlägt im Laufe eines 70jährigen Lebens etwa 3 Milliarden mal. In meinem Vorwort bemerkte ich, daß sich die Zahl der Herzinfarkte in den letzten 25 Jahren um 200 Prozent erhöht hat. Funktionelle Herzerkrankungen treten bei Männern häufiger auf als bei Frauen. Die betroffene Altersgruppe liegt vorwiegend zwischen dem 30. und 50. Lebensjahr und nicht, wie immer angenommen, darüber. Zurück zur eingangs gestellten Frage: Das Herz als Sitz der Seele? Das Herz ist nicht nur ein Muskel, sondern auch ein Gefühlsorgan. Zahlreiche Beispiele aus der Organsprache sind bekannt: »Mir fällt ein Stein vom Herzen«, sagt ein Mensch erleichtert. Ein anderer klagt: »Mir drückt es das Herz ab.« »Er hat ein gutes Herz« – gemeint sind Tugenden wie Ehrlichkeit, Aufrichtigkeit, Treue, Bescheidenheit, Großzügigkeit und Charakterstärke. Am Ende eines Briefes lesen wir: Mit herzlichen Grüßen. Ob es wirklich immer so gemeint ist?

Wir können ohne Herz nicht leben, ohne Herzlichkeit uns nicht wohl fühlen. Mit meinem Gebet wende ich mich an alle Menschen mit Herzbeschwerden, egal welchen Ursprungs und welcher Symptomatik.

Heilgebet

Gott, in einem Deiner Lieder heißt es:
Gib mir ein reines Herz.
Ich möchte diese Bitte noch ein wenig ausdehnen
und sagen: Gib mir ein gesundes Herz.
Laß dieses spürbare Zentrum in meiner Brust
ruhig und kraftvoll werden.
Ich will mich auch bemühen,
aus meinem Herzen, der Symbolik der Liebe,
eine Quelle zu machen, die mit Liebe speist.
Ich will auch versuchen, all denen,
die mir vielleicht nicht so gut gesonnen sind,
trotzdem Liebe entgegenzubringen,
denn ich weiß: Was man sät, das wird man ernten.
So wie ich mein Herz öffne,
so öffnen sich auch meine Herzkranzgefäße.
Mein Herz ist in allen Abschnitten ausgezeichnet
durchblutet und mit Sauerstoff versorgt.
Alle Verkrampfungen und Verspannungen
lösen sich vollkommen auf.
Ich werde ganz ruhig und spüre,
wie Kraft in mein Herz fließt,
und aus dem Herzen heraus verbreitet sich
diese Kraft im ganzen Körper.
Es ist sehr schön, diese Ruhe zu spüren,
wie sie wie ein warmer Strom
den Körper durchfließt.
Nichts kann mich erschüttern,
nichts kann mich beunruhigen.

Mein Herz schlägt ruhig, gelassen und kraftvoll.
Es paßt sich allen Anforderungen
und Belastungen an.
So will ich die Angst und den Wankelmut
aus meinem Herzen verbannen,
damit die Liebe diesen Platz ausfüllen kann.
So bin ich nun ganz ruhig
und lege alles in Deine Hände.

Auch an dieser Stelle möchte ich darauf hinweisen, daß auf lebenswichtige Medikamente nicht verzichtet werden kann. Fragen Sie bitte Ihren Arzt.

Im Krankenhaus

Ein Krankenhausaufenthalt kann unumgänglich sein, und jeden von uns kann es plötzlich treffen.

Ich hatte häufig die Gelegenheit, kranke Menschen in Kliniken zu besuchen, und mußte dabei feststellen, wie wenig sie ihren Heilungswunsch realisieren. Sie ließen sich gehen, behandelten das Personal schlecht, waren unzufrieden und zu sich selbst und ihrer Umgebung lieblos.

Gott verlangt von uns eine »große Portion Eigenleistung«.

Heilgebet

Gott, es fällt kein Vogel vom Baum
und kein Blatt vom Zweig,
ohne daß Du davon Kenntnis hast.
So weißt Du nun,
daß ich hier im Krankenhaus liege,
und Du weißt auch, daß mir angst ist.
Wie ahnungslos bin ich herumgelaufen,
und wie wenig habe ich derer gedacht,
mit denen ich hier nun hoffe und bange.

Wie wenig habe ich teilgenommen an denen,
die hier ihre letzten Stunden verbringen.
Für sie möchte ich bitten,
daß sie den letzten Schritt in Frieden tun.
Hier im Krankenhaus muß ich nun erkennen,
daß die Dinge auch ohne mich laufen.
Ich bin dankbar,
daß ich meine eigene Kleinheit erkennen darf.
So weiß ich, daß ich Deine Kraft brauche,
Deinen Zuspruch, um diese Prüfung
in Würde zu bestehen.
Lenke Du die Hand der Ärzte,
damit ich wieder gesund werde.
So nehme ich Deine Kraft in mir auf
und lasse sie über Kopf, Brust und Bauch
entlang in die Beine bis zu den Zehen fließen.
Es ist ein sehr angenehmes Gefühl.
Den Aufenthalt hier will ich
als einen heilenden Weg sehen,
der es mir ermöglicht, all das,
was ich bisher falsch gemacht habe,
neu zu betrachten, zu überdenken und abzulegen.
Durchströme mich mit Deiner Kraft,
denn sie allein hat schon heilende Wirkung.
Ich fühle, wie es zur positiven Aufladung
meiner Zellen kommt,
wie die Heilung in mir ständig voranschreitet.
Durch diese Kraft und Zuversicht bildet sich
in mir eine unerschütterliche Hoffnung,
daß Du alles zum Besten wenden wirst.

Denken Sie bitte immer daran, daß jeder positive Gedanke ein Baustein zu Ihrer Gesundheit ist. Beziehen Sie Ihren Zimmernachbarn mit in Ihr Gebet ein, und denken Sie auch an diejenigen, die im Moment, bedingt durch ihr schweres Krankheitsbild, nicht beten können. An dieser Stelle möchte ich Sie an die Studie aus San Francisco erinnern (siehe Vorwort).

»Die Mitte der Nacht ist auch der Beginn eines neuen Tages« (Johannes Paul II.).

Klimakterium (Wechseljahre)

Ab etwa dem 50. Lebensjahr tritt bei Frauen eine hormonelle Veränderung ein, die dazu führt, daß die monatliche Regelblutung aussetzt. Die Empfängnisbereitschaft hört zu diesem Zeitpunkt auf. Diese körperliche Umstellung wird oftmals begleitet von Beschwerden wie: Schweißausbrüchen, Schwindel, Schlafstörungen, Leistungsabfall, Stimmungsschwankungen und Antriebslosigkeit. Begünstigt werden diese Symptome durch eine negative Einstellung, nämlich durch die Vorstellung, daß man nun als Frau wertloser geworden sei. Minderwertigkeitsgefühle sind die Folge.

Dieser Einbildung möchte ich einmal entschieden widersprechen, denn weder das Sexualverhalten noch die weibliche Ausstrahlung gehen verloren. Im Gegenteil, viele Frauen können sich zu diesem Zeitpunkt erst voll entfalten. Hierzu möchte ich weiter feststellen, daß Schönheit und Weiblichkeit erstens sehr relativ und zweitens nicht eine Frage des Alters sind, sondern eine Frage der körperlichen und geistigen Haltung. Die Augen, das Gesicht eines Menschen sind der Spiegel der Seele. Die Körperhaltung symbolisiert Spannkraft oder Entmutigung. Ein Sich-Aufrichten ist Ausdruck für Lebensenergie. Richten Sie sich auf, aktivieren Sie Ihren Geist, denken Sie positiv, nehmen Sie sich an, beleben Sie Ihren Körper und Ihre Seele. Sie sind ein Geschöpf Gottes, einmalig in Ihrer Art.

Heilgebet

Gott, es macht mir Mühe, die Veränderungen
in mir zu verstehen und anzunehmen.
Viele fruchtbare Jahre liegen hinter mir,
ist diese Zeit vorüber?
Gib Du mir bitte die Antwort und sage mir,
daß meine körperlichen Beschwerden wie . . .
vorübergehend sind,
daß mein Selbstwertgefühl wieder in mir wächst
und mir bewußt wird,
daß ich mich in der Blütezeit meines Lebens befinde
und noch viele Jahre der Aktivität vor mir liegen.
Gib mir Kraft zur körperlichen
und geistigen Selbstgestaltung.
So bleiben mein Körper und meine Seele gesund.

In meiner Praxis konnte ich zwei verschiedene Positionen bei Frauen in den Wechseljahren beobachten. Es waren dies zum einen das Auflehnen gegen dieses Grundgesetz des Lebens, zum anderen das Sich-Aufgeben. Beide Positionen sind falsch.

Gott hat das Leben sinnvoll geschaffen. Ein Auflehnen bedeutet, daß der Mensch in eine Fehlhaltung gerät, die schon bestehende Schwierigkeiten verstärkt; sich aufgeben heißt, vom Strom mitgerissen zu werden, das Steuer aus der Hand zu geben. Die Folge: Alles muß ertragen werden, die Lebendigkeit geht verloren.

In der Meditation mit Gott schöpfen Sie Kraft und finden den Zugang zum Licht, zum Leben.

Bitte beachten Sie auch das Kapitel »Alter – eine Krankheit?«

Kopfschmerz/Migräne

Kopfschmerz tritt als eigenständige Krankheit auf, aber auch als Begleitsymptomatik anderer Erkrankungen. Auf den vorübergehenden Kopfschmerz wollen wir hier nicht eingehen. Chronische Schmerzzustände müssen in jedem Fall behandelt werden, auch unter Berücksichtigung psychosomatischer Aspekte, denn: Lebenslügen, Hektik, Habgier und andere negative Faktoren führen zu einer Anspannung der feinen Blutgefäße im Kopf. Ernährungsfehler, Alkohol, Nikotin, tragen ihr übriges dazu bei. Probleme aller Art werden einfach in unserer Psyche endgelagert. Wir kennen keine Ruhe und Besinnung mehr.

Dieses können wir ändern, indem wir damit beginnen, uns täglich einige Minuten Freiraum zu schaffen, um zu meditieren. In unserer eigenen inneren Hauskapelle haben wir jederzeit Gelegenheit, Einkehr zu halten. Auch der Besuch eines Meditationsortes, wie z. B. der Kirche, ist sinnvoll zur inneren Ruhefindung. Hier können wir entspannen und mit Gott ein Zwiegespräch führen.

Wir dürfen an allen Orten und zu allen Zeiten unser Gemüt zu Gott erheben, ihm unsere Gedanken und Empfindungen vortragen. Oft reichen wenige Minuten der Meditation aus.

Heilgebet

Wahrscheinlich erinnern sich die meisten Menschen
dann Deiner, Gott, wenn sie in Not sind.
Auch ich bin einer von diesen,
der Hilfe erbittet.
Ich weiß, daß Du meinen Kopfschmerz lindern
und beseitigen kannst.
Ich spüre, wie sich der Schmerz
allmählich in Wärme umwandelt.
Bei jedem Atemzug, den ich jetzt langsam
und bewußt mache, entweicht der Schmerz
durch die Schädelknochen nach außen,
und immer mehr breitet sich die Wärme aus.
Mit den Schmerzen entweichen auch die Sorgen,
die ursächlich an der Entstehung mitbeteiligt sind.
Nichts kann diesen Umwandlungsprozeß –
Wärme gegen Schmerzen – stoppen.
Im gleichen Maße schrumpfen meine Sorgen,
und ich sehe keine Schwierigkeiten mehr,
warum sich meine Probleme nicht lösen könnten.
Ich werde immer ruhiger,
und jeder bewußte Atemzug bringt Erleichterung.
Mein Kopf wird immer klarer und leichter,
er ist in allen Abschnitten
ausgezeichnet durchblutet,
es entsteht kein Stau und
keine Behinderung der Durchblutung,
die Gefäße sind entkrampft und entspannt.
Es geht mir von Tag zu Tag besser,

und so will ich auch meine Umgebung
an dieser Wärme teilnehmen lassen,
meine mitmenschlichen Beziehungen überdenken
und verhärtete Fronten abbauen.

Zu Anfang dieses Kopfschmerz-Kapitels sprach ich von Kopfschmerzen, die als Begleitsymptomatik anderer Erkrankungen auftreten. Dieses möchte ich näher erläutern. Jedes Organ in unserem Körper kommuniziert auf nervalem oder hormonellem Wege mit einem anderen Organ. Aus diesem Grunde ist es im Rahmen der Ganzheitsbetrachtung erklärlich, daß z.B. Gallenerkrankungen auf die Kopfgefäße wirken. Ebenso Wirbelsäulenleiden, Obstipation, Medikamente (Nebenwirkungen), Augenleiden, Narben, Zahnherde. Des weiteren Nahrungsmittel, Kleidungsstücke (Kunstfasern laden elektrisch auf) und Werkstoffe verschiedener Art (Kleber, Reinigungsmittel, Farben).

In seltenen Fällen kündigt sich ein Tumor durch Kopfschmerz an. Sprechen Sie mit Ihrem Behandler über diese möglichen Ursachen.

Krebs

Die Ayurveda-Medizin (entstanden vor etwa 3000 Jahren in Indien; Ayurveda: Gesundheit besteht aus der Wechselwirkung von Lebensfreude und gesundem Stoffwechsel – eine Ganzheitsmedizin) – konnte sich bis heute erfolgreich beweisen, während die abendländische Medizin sich seit dem Mittelalter aufgeteilt hat in einen wissenschaftlichen und einen naturwissenschaftlichen Zweig.

Schon vor 2500 Jahren wurde im Rahmen der Ayurveda-Heilkunst meditiert, da man bereits zu dieser Zeit die körperlich-seelischen Zusammenhänge kannte.

Der Krebs ist nach meiner Auffassung eine körperlich-seelische Stoffwechselentgleisung, und unter diesem Gesichtspunkt sollte jede Therapie durchgeführt werden.

Christian Morgenstern sagte einmal: »Wer Gott aufgibt, der löscht die Sonne aus, um mit einer Laterne weiterzuwandern.« Wenden wir uns Gott zu, damit die Sonne wieder in uns leuchtet. Die Sonne, die uns Kraft gibt, um die Harmonie von Körper und Seele wiederherzustellen.

Im Vorwort dieses Buches habe ich auf die psychosomatischen Verbindungen in der Entstehung von Krankheiten hingewiesen. Auch bei Krebs muß diese Möglichkeit in Diagnostik und Therapie berücksichtigt werden. Wenn es Ihnen gelingt, sich seelisch zu stabilisieren, aufzurichten, können Sie sicher sein, daß dieses einen unmittelbaren Einfluß auf Ihre Erkrankung hat.

Heilgebet

Mein Gott, nun habe ich meine Diagnose erfahren
und bin aufs tiefste erschüttert.
Ausgerechnet mich mußte es treffen,
wo ich noch so viele Dinge machen wollte.
Und nun die schmerzliche Erkenntnis,
daß unser irdisches Dasein begrenzt ist.
Ich weiß, daß meine Krankheit,
dieses Herausfallen aus der inneren Ordnung,
ein Spiegelbild der Außenwelt darstellt.
So wie draußen die Zerstörung um sich greift,
die Harmonie Deiner Schöpfung mit brutalem
Gewinnsuchtstreben aus den Angeln gehoben wird,
so entgleist auch das Wunder
der harmonischen Zellteilung
zu einem wuchernden, zerstörenden Prozeß.
Ich weiß, daß durch Deine Kraft
alles möglich ist und daß ich mit Deiner Hilfe
meine Krankheit besiegen kann.
Aktiviere meinen Stoffwechsel so,
daß alle Giftstoffe meinen Körper verlassen.
Gib meinem Immunsystem die Stärke,
sich gegen meine Erkrankung durchzusetzen.
Gebiete dem Krebs Einhalt,
führe mich, wenn ich mutlos und verzweifelt bin.

Erfülle mich mit Deiner Kraft.
Ich will sie in mir aufnehmen,
es soll aber nicht nur der Körper Heilung finden,
sondern auch die unsterbliche Seele,
der Urgrund des Seins.
So wie ich Dich inbrünstig bitte
um die Wiederherstellung meiner Zellharmonie,
so vehement will ich mich auch
für die Wiederherstellung der Harmonie
in unserer Umwelt einsetzen.
Sollte es aber nicht Dein Wille sein,
mich zu heilen, so gib mir die Kraft,
in Würde meine letzten Tage zu verbringen.

Nach Krebsoperationen wird immer wieder die Frage gestellt, wie es weitergehen soll, was man tun kann, um ein neuerliches Entstehen des Krebses zu verhindern. Diese Fragen können im Rahmen meines Buches nicht ausführlich beantwortet werden, aber drei Punkte mögen für Sie richtungweisend sein, da sie die Basis für die Gesundheit darstellen:

1. Die Heilmeditation sollten Sie zum festen Bestandteil Ihres Lebens machen.

2. Denken Sie positiv, Ihre Lebenseinstellung ist von ganz entscheidender Bedeutung.

3. Stärken Sie Ihr Immunsystem (siehe Geesing, »Immun-Training«).

Liebeskummer

Die Trennung von einem Partner kann sehr schmerzhaft sein, und der Mensch ist oft nicht in der Lage, den Verlust zu überwinden. Es entsteht die Unfähigkeit, den Verlust zu erdulden, ihn anzunehmen. Durch dieses Verhalten zwingt sich der Mensch zu immer mehr Destruktion, ja im weiteren Verlauf, auf Beziehungen ganz zu verzichten. In diesem Zustand wird die eigene Liebesfähigkeit, die notwendig ist, andere zu lieben, völlig verschüttet.
Erneuern Sie mit folgendem Text Ihr Denken und Handeln. Jedes starke Verlangen wird das Erbetene bringen.

Heilgebet

Welch ein großes Gefühl ist es doch,
wenn das Wort Liebe zum ersten Mal spürbar wird.
Die Adern scheinen mit Glück
und purer Freude gefüllt zu sein,
die Augen strahlen mit solch einem Glanz,
daß jeder dunkle Winkel, der einmal in
der Seele war, im hellen Licht erstrahlt.
Gott, ich war so stark,
daß ich Berge hätte versetzen können,

und nun kann ich nicht einmal den Sand halten,
der durch meine Finger rieselt.
Ich bin allein, und da, wo vorher Licht war,
da ist Dunkelheit eingekehrt.
Die Freude hat sich zu Schmerzen gewandelt.
Ich verstehe jetzt, warum die Hölle
Getrenntsein von der Liebe bedeutet.
Nichts ist tiefer als dieser Seelenschmerz,
und nichts ist größer als die Sehnsucht
nach Einheit mit dem geliebten Menschen.
So bitte ich Dich um Deinen Trost und Deine Kraft,
damit meine Wunden schneller heilen.
Ich weiß, daß dieser Schmerz auch viel Unrat
und Ballast in meiner Seele verbrennt,
daß er mir hilft, mich rein zu machen.
Laß wieder Freude in mir keimen,
berühre mich mit Deiner Liebe.
Jeden neuen Tag will ich freudig
und hoffnungsvoll beginnen,
mein Kummer fällt ab von mir
wie ein welkes Blatt im Herbst vom Baum.

Aktives Handeln: Bestimmen Sie Ihren Standort. Schreiben Sie nieder: Meditieren, Beten, Ablenken, Kontakte pflegen, Hobby schaffen, sich belohnen, anderen helfen, sich mitteilen, weiterbilden, Ziele bestimmen (privat, beruflich) usw.: . . . .
. . . .
Bitte ergänzen Sie mein Angebot.

Magen

Magenbeschwerden, insbesondere chronischer Art, weisen häufig auf »unverdaute« Konflikte hin. Dieses haben tiefenpsychologische Studien ergeben.

Hierzu gehören: Kränkungen, nichterfüllte Wünsche, angestaute Aggressionen, Liebesunfähigkeit, mangelnde Zuwendung, ein unterdrücktes Mitteilungsbedürfnis, Verschlossenheit, mangelndes Selbstwertgefühl, unbewältigter Streß, vegetative Übersteuerungen u.a.

Meinen Patienten empfehle ich, sich täglich nach getaner Arbeit für etwa 10 Minuten hinzulegen, um das folgende Heilgebet zu verinnerlichen. Legen Sie dazu Ihre linke oder rechte Hand in die Magengegend und lassen Sie suggestiv Wärme in Ihren Bauchraum strömen.

Wenn Sie dieses Gebet mit Handauflegen einige Male verinnerlicht haben, sind Sie in der Lage, in Schmerzmomenten, sich durch einfaches Handauflegen zu beruhigen. Machen Sie den Versuch, es gelingt Ihnen.

Heilgebet

Lange leide ich nun schon
unter diesen ständigen Magenschmerzen,

diesem unangenehmen Brennen,
dieser wiederkehrenden Übelkeit.
So habe ich schon vieles versucht,
aber das Wichtigste vergessen,
nämlich Dich um Hilfe zu bitten.
Ich weiß um Deine heilende Kraft,
ich will sie in mir aufnehmen,
tief Deinen Odem in mich einströmen lassen,
tief hinein in meinen Magen.
Hier soll Deine heilende Kraft
die kranken Schleimhäute berühren.
Ich spüre, wie sich meine Magennerven beruhigen
und die Schmerzen allmählich nachlassen.
Immer wieder aufs neue
breitet sich ein heilender Schleier,
ähnlich wie der morgendliche Nebel,
der die Gräser benetzt, in meinem Magen aus.
Bei jedem Atemzug spüre ich
das Nachlassen der Schmerzen,
spüre das Erlöschen des Brennens
und fühle die Übelkeit verschwinden.
Entspannung, Ruhe und Gelassenheit
finden wieder Platz in mir,
alle Nöte und Sorgen fallen von mir ab.
Es geht mir zusehends besser,
mein Magen regeneriert sich von Grund auf neu.

Ergänzen Sie bei geöffneten Augen durch lautes Lesen
und Auflegen der Hand in die Magengegend den Gebetstext durch folgende Suggestionen:

Ich bin und bleibe in jeder Situation,
in jeder Lebenslage ruhig und gelassen.
Nichts und niemand kann mich beunruhigen,
beängstigen oder verunsichern.
Die Magenmuskulatur ist ausgezeichnet entspannt,
die Schleimhäute sind in allen Abschnitten gut durch-
blutet,
sie können sich von Grund auf erneuern.
Entzündungen und Geschwüre heilen vollkommen ab.
Jede Nahrung, die ich zu mir nehme,
wird ungehindert verdaut.
So regeneriert sich mein Magen und ist widerstandsfähig
gegen alle körperlichen und seelischen Belastungen.

Beten und meditieren Sie täglich, auch über eine mögliche
Heilung hinaus.

Magersucht

Dieses Krankheitsbild betrifft vorwiegend Frauen und Mädchen im Pubertätsalter. Im Vordergrund steht die Nahrungsverweigerung oder das Erbrechen nach Nahrungsaufnahme. Begleitet wird dieses Krankheitsbild von der Unfähigkeit, Gefühle wahrzunehmen oder zu äußern. Diese Funktion übernimmt meist schon von frühester Kindheit an die Mutter.

Nach neuesten Befunden wird die Ursache für die Erkrankung auf familiendynamische Prozesse zurückgeführt. Die Familien erscheinen nach außen als ein sehr geschlossenes System, das jeder Veränderung abhold ist.

Ein Milieuwechsel führt in einem Drittel der Fälle zu Spontanheilungen. Voraussetzungen für eine Heilung sind ferner: niemals aufgeben, die Annahme der sexuellen Reifung zur Frau, Aufbau des Selbstvertrauens und die Entwicklung zur Selbständigkeit.

Heilgebet

Hilf mir, Gott, und gib mir die Kraft,
daß ich aus diesem selbstzerstörerischen
Kreislauf herauskomme.

Ich will lernen, mit meinen Wünschen umzugehen,
Forderungen an meine Mitmenschen
in Zuwendung umzuwandeln.
Die Nahrung, die Du bereitest,
will ich mit Dankbarkeit und Genuß verzehren,
denn nicht überall auf der Welt findet man
einen so reich gedeckten Tisch vor.
Ich werde von nun an nicht mehr erbrechen.
Die unendliche Kraft aus Dir,
die mein Unterbewußtsein speist,
durchströmt jede Zelle meines Körpers
und macht mich gesund und lebensstark.
Ich liebe mich und ich liebe meinen Körper,
ich bin behütet und geborgen
in der Tiefe meines Wesens.
Diese Kraft, die mich durchströmt,
läßt mich selbständig, gesund und glücklich
dieses Leben führen.
Ich bin eine gefestigte Persönlichkeit.
Alles gelingt mir,
was ich zur Besserung meines Leidens unternehme
und was ich in voller Harmonie
mit meiner geistigen Kraft anstrebe.
Vor meinem geistigen Auge sehe ich mich
lachend, frohgemut und freundlich
meiner Umwelt entgegenkommen.
Mein geistiges Auge hat mir klar die Lügen,
die ich mir selbst als Alibi gebaut habe
und die ich auch meinen Mitmenschen
aufgetischt habe, gezeigt.

Ich zerschneide dieses Lügennetz
und fühle mich frei, frisch
und voller Frieden und Harmonie.
Deine Liebe erfüllt meine Seele,
ich fühle tiefe Ruhe, harmonische
Ausgeglichenheit und unendliche Stärke.
Hab Dank für alles.

Aus dem Gebetstext erkennen Sie, daß Sie sich annehmen und lieben sollen. Alle Anlagen sind in Ihnen vorhanden, nutzen und trainieren Sie Ihre Fähigkeiten, und Sie werden staunen, wie sich Ihr Leben zum Positiven verändert. Sie sollten wissen, daß man negativ antrainierte Verhaltensweisen wie Ihren »Hungerstreik« ablösen und durch positives Verhalten ersetzen kann.

Nervenschmerzen

Zu dieser Indikation möche ich Ihnen wieder ein Beispiel aus der Praxis nennen und Sie gleichzeitig auffordern, intensiv über Ihr Leben nachzudenken. Versuchen Sie, Beziehungen zwischen Ihren Schmerzzuständen und Ihrem Seelenleben zu ergründen. Der folgende Bericht muß sich nun nicht mit Ihrer eigenen Problematik decken. Er ist ein Beispiel dafür, wie Schmerzzustände entstehen können.

Vor einiger Zeit erschien in meiner Praxis die Patientin M. Diese Frau litt seit mehreren Jahren unter außerordentlich schwere Nervenschmerzen in beiden Armen und Beinen. Bisher konnte ihr weder der Arzt noch ein Heilpraktiker wirksam Hilfe bringen. Der körperliche Allgemeinzustand konnte als durchaus befriedigend, ja als gut bezeichnet werden. Mir fielen aber sofort die Schonhaltungen der Extremitäten auf, was auf tatsächliche Schmerzen hinwies. Dieses schreibe ich bewußt, denn mehrere Behandler wiesen Frau M. mit dem Hinweis auf eine Einbildung ab. Die besondere Psychosomatik dieser Erkrankung wurde, aus welchem Grund auch immer, nicht erkannt oder nicht genügend gewürdigt.

In einem langen Gespräch konnte ich erkennen, daß Frau M. sehr einsam und mißtrauisch war. Dieses hätten die

Kollegen mit einiger Geduld und Zuwendung durchaus feststellen können.

Ich bat die Patientin, sich mir vollkommen anzuvertrauen, um in gemeinsamer Meditation und im Gebet einen Weg aus ihren Schmerzzuständen zu finden. Hier stieß ich jedoch auf großen Widerstand. Frau M. hatte Angst, mir ihr Herz zu öffnen, wie man es sonst nur einem vertrauten Partner oder seinem Beichtvater gegenüber tut. Diesen Widerstand wollte ich in keiner Weise brechen, ja nicht einmal beeinflussen. Was nicht aus dem Herzen kommt, ist doch nur Stückwerk. Ich ließ Frau M. ganz ungezwungen an meinen eigenen Gedanken und Gefühlen teilhaben. Und ich sah, wie ein Leuchten ihre Augen erstrahlen ließ. In diesem Moment fühlten wir uns in unseren Gedanken und Gefühlen sehr nah. Ich bat Frau M., mich nun zu verlassen, um in diesem Gleichklang der Gefühle meditieren und beten zu können.

Auf ein Tonband sprach ich die Worte, die in diesem Moment in mir entstanden und sich zu einem Gebet für die Patientin formten.

Heilgebet

Seit geraumer Zeit plagen mich
diese unerträglichen Schmerzen.
Ich habe kaum noch Kraft in mir,
bin müde und verzweifelt.
Gott, hilf mir bitte
an diesem Schmerzpunkt meines Lebens,

damit ich wieder einen Schritt nach vorn tun kann.
Vermittle mir Ruhe und Gelassenheit,
gib mir Hoffnung und Zuversicht.
Löse mich von meinem Mißtrauen
und laß mich wieder auf die Menschen zugehen.
Mein körperlicher Zustand wird sich,
dank Dir, Gott, wieder stabilisieren,
meine Schmerzen entweichen
aus allen Muskeln und Gelenken,
und meine seelische und körperliche Beweglichkeit
nimmt wieder zu.
Alle Medikamente, die ich zu mir nehmen muß,
wirken heilend auf meinen ganzen Körper.
Du bist die Stütze auf dem Weg meiner Gesundung.

Als Frau M. das nächste Mal zu mir in die Praxis kam, stellte ich fest, daß sie ruhiger und gelöster auf mich zutrat. Ich hatte das Gebet von einem Schriftmaler auf ein Pergament schreiben lassen und übergab es nun Frau M. mit der Bitte, dieses Gebet nicht nur nachzusprechen, sondern auch im Tiefsten ihrer Seele zu begreifen und aufzunehmen. Frau M. verließ meine Praxis mit den ehrlichen Tränen der Freude in ihren Augen.

Wie ich Frau M. geraten hatte, sprach sie dieses Gebet, getragen von Geduld und tiefer Demut, täglich vor dem Zubettgehen. Nach einer Dauer von drei Monaten war die Patientin völlig beschwerdefrei. Ihr Leben hat sich geändert. Sie arbeitet aktiv in einer Gemeinde mit und kümmert sich um eine Seniorengruppe.

Rheuma

Etwa 400 verschiedene Krankheitsbezeichnungen werden unter dem Oberbegriff »Rheumatischer Formenkreis« zusammengefaßt. Einige möchte ich nennen: Polyarthritis, Arthrosis deformans, Osteoporose, Morbus Bechterew, Morbus Scheuermann, Neuralgie.
Ebenso vielfältig sind die Ursachen. Im Mittelpunkt dieser Erkrankung steht das Schmerzempfinden, welches oft über Jahre den Menschen prägt. Dieser hohe Leidensdruck wirkt im Sinne der somatisch-psychischen Wechselwirkung auf den Gemütszustand des Patienten. Resignation und Depression sind die Folgen, und diese wirken sich auf umgekehrtem Wege auf den Organismus aus. Diesen Kreislauf wollen wir unterbrechen und dabei wissen, daß es niemals zu spät ist.

Heilgebet

Gott, ich fühle mich wie eine abgebrannte Kerze,
ohne Energie und Kraft, mutlos und resigniert.
Im tiefsten Innern meines Herzens
spüre ich aber noch eine kleine Flamme,
die mit Deiner Hilfe

wieder zum vollen Licht entfacht werden kann.
Gib mir bitte Mut und Kraft,
aus Deiner Lebensquelle will ich Hoffnung
auf eine Besserung meines Zustandes schöpfen.
Nimm mir bitte meine Schmerzen,
laß meine Muskulatur mit Deiner Wärme durchfließen,
gib meinen Gelenken
die lebensnotwendige Beweglichkeit wieder.
Alle Stoffwechselschlacken
können meinen Körper verlassen,
die Schwellungen der Gelenke bilden sich zurück.
Ich schlafe besser, ich entspanne meinen Körper,
ich denke positiv,
ich regeneriere mich von Grund auf.
Voller Dankbarkeit nehme ich Deine Hilfe an,
und so wird mein Leben wieder lebenswert.

Als Heilpraktiker möchte ich Sie auf die vielfältigen natur-heilkundlichen Diagnose- und Therapieverfahren aufmerksam machen, wie: Augendiagnose, Thermo-Regulationsdiagnostik, Bio-energetischer Medikamententest, Ozon-Therapie, Magnetfeld-Therapie, Akupunktur, Eigenblutinjektionen, Wasseranwendungen, Homöopathie, vitalstoffreiche Ernährung, Regenerationskuren, Salzhemdanwendungen u.a. In diesem Zusammenhang muß ich an meinen Freund Wilhelm Obermeyer (Rheumatorium Badenweiler) denken, der sagt: »Erst Körper und Seele entgiften, dann die Abwehr stärken.«

Rückenschmerzen

Rückenschmerzen können Ausdruck einer inneren Starr-
heit oder in einzelnen Fällen Ausdruck einer Charakter-
schwäche sein. Auch ein mangelndes Selbstwertgefühl
zwingt zur gebückten Haltung. Krankheiten wie Magengeschwüre, Herzleiden, Leber-, Galle-, Nieren- und
Atemwegerkrankungen wirken über nervalem Wege re-
flektorisch auf den Rücken. Störfelder wie Narben oder
Zahnherde üben ebenfalls einen Reiz aus. Übergewicht,
Schlafstörungen, Depressionen und Ängste begünstigen
die Entstehung von Wirbelsäulenerkrankungen. Die Rük-
kenmuskulatur ist immer mit beteiligt am Schmerzge-
schehen. Ziel der Meditation ist die völlige Entkrampfung
des Rückens und die bessere Durchblutung.

Heilgebet

Nun plagen mich diese Schmerzen schon so lange,
und ich komme mir schäbig vor, jetzt zu bitten,
wo ich krank bin, und so wenig gedankt zu haben,
als ich gesund war.
Aber ich weiß, daß Du, Gott,
alle Schwachen und Leidenden stärkst.

So weiß ich, daß Du mir
die Schmerzen nehmen kannst
und daß Du meiner Wirbelsäule
die nötige Festigkeit verleihen kannst,
damit ich wieder aufrecht gehen kann.
Ich weiß, daß Du mir zeigen wolltest,
daß die Wirbelsäule zwar die äußere Haltung
vermittelt, daß es aber wichtig ist,
die innere Haltung zu bewahren und zu zeigen.
Die Haltung darf nicht nur von Starrsinn
und Unbeugsamkeit geprägt sein,
sondern muß von Großzügigkeit und Toleranz,
oder ganz einfach gesagt,
von der Liebe gekennzeichnet sein.
Deshalb will ich mich öffnen,
da wo ich starr war, und verzeihen,
da wo ich gehaßt habe, und Freude bereiten,
da wo ich nur genommen habe.
Nun, da ich offen bin,
spüre ich einen warmen Strom
von meinem Kopf durch die Wirbelsäule
bis in die Beine hineinfließen.
Ich bin ganz ruhig und entspannt
und lasse diesem warmen Strom freien Lauf.
Nichts kann mich beunruhigen,
und ich spüre, wie alles leichter wird,
wie die ganze Rückenmuskulatur schwingt,
als ob es Gras wäre,
welches ein sanfter Wind wiegt.
Die Wirbelsäule ist in allen Abschnitten

ausgezeichnet durchblutet,
Verkrampfungen lösen sich zusehends auf,
die Beweglichkeit nimmt mehr und mehr zu.
Ich nehme Ruhe in mir auf,
die Schmerzen entschwinden,
mein ganzer Rücken wird leichter und leichter.
Und so will ich diese Leichtigkeit
mit hinausnehmen in mein tägliches Leben,
alle Lasten, die mich beugten, abschütteln.
Keine Beschwernis soll mich mehr erdrücken,
ich will standhaft meine Aufgaben erfüllen,
mich innerlich und äußerlich wieder aufrichten.

Zum Ende dieses Gebetstextes beginnen Sie in die Wirbelsäule gedanklich hineinzufühlen, langsam von oben nach unten. Durch dieses Hineinfühlen entwickelt sich eine bessere Durchblutung, die Wirbelsäule entspannt sich. Zu Anfang wird Ihnen das Hineinfühlen schwerfallen, doch mit jeder Übung gelingt es Ihnen besser. Zum Schluß hin stehen Sie auf und dehnen die Wirbelsäule durch schlängelnde Bewegungen von der Lende aus nach oben. Diese Übung zwei- bis dreimal wiederholen.

Schlafstörungen

Der Schlaf ist ein Ereignis, dem man sich unbefangen hingeben muß, erzwingen kann man ihn nicht. Wenn keine organischen Ursachen für Schlafstörungen vorliegen, müssen die Lebensumstände analysiert werden. Zu etwa 75 Prozent sind sie verantwortlich für dieses Leiden.
Hufeland (1762–1836), Professor in Jena, königlicher Leibarzt, sagte richtig: »Die Menschen müssen wieder lernen, mit den Kleidern die Sorgen abzulegen, und sich freuen, am nächsten Morgen wieder neu geboren zu werden.«
Vielfältige Ursachen wie unbewältigte Lebenskonflikte, ständiger Streß, Existenzangst, Ängste allgemein, übersteuertes Leistungsstreben, auch Aufputschmittel (Kaffee, Alkohol, Medikamente, Nikotin) lassen den Menschen nicht zur Ruhe kommen. Wachen bedeutet Anspannung, Schlafen dagegen Entspannung. »Ein gutes Gewissen ist ein sanftes Ruhekissen.«

Heilgebet

Mein Gott, wenn der Tag zu Ende geht,
sehne ich mich nach Ruhe,

doch jede Nacht ist für mich qualvoll,
weil ich diese Ruhe nicht finde.
Tagsüber bin ich dann kraftlos und deprimiert.
Bitte hilf mir, diesen Kreislauf zu unterbrechen,
und gib mir die nötige Nachtruhe wieder.
Jeden Abend, wenn ich zu Bett gehe,
lege ich all meine Nöte und Sorgen ab.
Dank Deiner werde ich tief und fest einschlafen,
die ganze Nacht durchschlafen
und am nächsten Morgen frisch und munter erwachen.
Ich werde mich dem neuen Tag zuwenden
voller Mut und Lebenskraft.
Meine Nerven beruhigen sich,
und meine innere Uhr reguliert das Wach-
und Schlafbedürfnis täglich aufs neue.
Gott, ich danke Dir.

Ergänzen Sie bitte das Heilgebet durch eigene Gedanken, die sich aus Ihrer persönlichen Situation ergeben. Denken Sie darüber nach, welche Dinge Ihnen »den Schlaf rauben«, Sie nicht zur Ruhe kommen lassen.
Bitte beachten Sie folgende Empfehlungen:
1. Niemals angespannt auf den Schlaf warten, ihn unbedingt erzwingen wollen.
2. Schwerverdauliche Mahlzeiten am Abend vermeiden.
3. Alle Tageserlebnisse, insbesondere Ärger und Sorgen, »loslassen«.
4. Meditieren – beten.

Sehkraft

Das Nachlassen der Sehkraft muß nicht immer ein krankhaftes Geschehen sein. Allgemeine Übermüdungserscheinungen von Körper und Geist wirken sich auch auf die Augen aus. Die Arbeit am Bildschirm über Stunden, zu langes Fernsehen, Sauerstoff- und Vitaminmangel sind erklärbare symptomatische Reaktionen für mangelnde Sehkraft. Die Augen haben jedoch eine relativ schnelle Regenerationsphase, wenn man ihnen die zustehende Ruhe gönnt.

Mit einer Gruppe von Büroangestellten habe ich ein Experiment durchgeführt, das Ergebnis war eindeutig positiv. Die Teilnehmer dieser Untersuchung mußten alle 30 Minuten für zwei Minuten die Augen schließen und sich entspannen. Jeder einzelne empfand diese Maßnahme als wohltuend für Augen und Nerven. Versuchen Sie, lieber Leser, dies einmal nachzuvollziehen.

Heilgebet

Gott, Du Schöpfer aller Dinge,
der Du das Licht gegeben hast,
damit wir all Deine wunderbare Schöpfung

in uns aufnehmen können,
ich danke Dir für diese Gabe,
die ich jetzt erst zu schätzen weiß,
nachdem meine Sehkraft nachgelassen hat.
Ich weiß, daß ich bisher wenig gedankt habe
für diese Gabe,
trotzdem komme ich nun zu Dir,
damit Du mir wieder das Reich des Lichtes
und der Farben aufschließt.
Durchströme mich mit Deiner Kraft,
laß mich wieder sehend werden.
Gib mir auch einen weisen Blick,
damit ich Deine Schöpfung
in Ehrfurcht betrachten kann,
um all den zerstörerischen Einflüssen,
die Deine Natur schänden,
Einhalt zu gebieten.
Durchströme mich mit Deinem Licht,
berühre meine Augen mit Deiner Allmacht,
kräftige meine Sehkraft,
laß mich die Welt wieder wahrnehmen,
habe Dank für Deine Hilfe.

In der vorletzten Zeile des Heilgebetes heißt es: »laß mich die Welt wieder wahrnehmen«. Dies bedeutet, daß wir auch mit unserem inneren Auge, dem Herzen und der Seele unsere Umwelt bewußter sehen sollen. Wir müssen wieder lernen, die wahren Werte des Lebens und Zusammenlebens zu sehen, denn Ethik und Moral sind die Stützpfeiler unseres Seins.

Selbstvertrauen

Sich selbst vertrauen, zu sich selbst Vertrauen haben – bedeutet: Was ich bin, was ich tue, es ist richtig. Ich bin überzeugt von meinem Handeln; an meinen Entscheidungen, die ich treffe, zweifle ich nicht. Ich traue mir etwas zu.

Leistungsdruck, vorgegebenes Normendenken, luxusorientierte Weltanschauungen, aber auch persönliche Fehlbeurteilung und Enttäuschungen reduzieren das Selbstwertgefühl. Eine mangelnde geistige Orientierung trägt ebenso zum Verlust des Selbstvertrauens bei wie eine rein körperliche oder materielle Befriedigung.

Ihre persönliche Wertigkeit erhalten Sie sich durch Ihre innere Bejahung und Annahme. Der Glaube an das Positive, an das Starke, ist das Samenkorn zur eigenen Wertigkeit. Was immer Sie denken, zieht seinesgleichen magnetisch an.

Der Glaube stabilisiert Ihr Selbstvertrauen, er ist ein Garant für ein beständiges Selbstwertgefühl. Vertrauen Sie sich Gott an.

Orison Swett Marden schreibt in seinem Buch »Die Wunder des rechten Denkens«: »Wenn sich das Denken ändert, ändert sich der ganze Mensch.« Oder an einer anderen Stelle: »Es ist der Geist, der sich den Körper formt.« Sie werden erstaunt sein, wie Sie sich schon nach einigen Meditationen positiv verändern. Selbst Ihr Gesichtsausdruck als äußeres Zeichen wird offener, freier und schöner.

Heilgebet

*Gott, voller Zuversicht auf Deine Hilfe
wende ich mich an Dich,
denn ich habe das Vertrauen
zu mir selbst verloren.
Ein Gefühl der Unwertigkeit
hat mich ergriffen, wer bin ich?
Stärke Du wieder mein Selbstbewußtsein,
damit ich mich mutig dem Leben zuwenden kann.
Aktiviere meinen Geist zum positiven Denken,
laß meine inneren Kräfte sich entfalten,
so daß ich mich überzeugend
meiner Umwelt mitteilen kann.
Zuversicht, Sicherheit und Selbstvertrauen
werden wieder Bestandteil meiner Persönlichkeit.
Mir wird bewußt,
daß ich ein ganz normaler Mensch bin
mit ganz normalen Anlagen, Fähigkeiten,
Funktionen und Reaktionen.
Nichts und niemand wird mich
verunsichern oder verängstigen.
Ich bin und bleibe in jeder Situation
und Lebenslage, in allem was ich tue,
meiner Sache vollkommen sicher.*

Das rechte Gebet bindet wieder die unterbrochene Linie, die uns mit Gott verbindet. Es gibt uns die nötige Sicherheit und bringt uns in Harmonie mit dem Unendlichen. Dieses ist das Geheimnis und Wunder der geistigen Heilung. Die schöpferische Kraft des Lebens liegt im Geist, denn alles ist durch den Geist geschaffen.

Sie sind jetzt in diesem Moment das geistige Produkt Ihrer Vergangenheit, bestimmen Sie ab sofort Ihre Zukunft durch Ihre positive geistige Haltung. Die Kraft hierzu befindet sich in Ihnen. Sagen Sie ja zu sich selbst. Erneuern Sie dieses »Ja« täglich, Sie schaffen es.

Verzweifeln Sie nicht, wenn Ihr Gebet bzw. Ihre Meditation nicht sofort zu dem gewünschten Erfolg führt. All unsere Fähigkeiten müssen wachsen, ja sich teilweise neu entwickeln. Jede Veränderung oder Entwicklung setzt ein intensives Bemühen voraus. Wichtig sind Ihre innere Hoffnung und Überzeugung, der Wille zum Erfolg. Dieser Wille liegt in Ihnen, er muß freigesetzt werden.

Sprachstörungen

Hinter den Sprachstörungen verbirgt sich in der Regel eine Leistungs- und Kontaktangst. Es handelt sich meist um vitale Personen, die zu Affektausbrüchen neigen, diese aber nicht ausdrücken können.

In jedem Fall müssen Sprachbarrieren – oder anders ausgedrückt: Sprachblockaden – überwunden, Ängste und Hemmungen abgebaut werden. Sprachtraining und Meditation sind geeignete Wege zum Erfolg.

Heilgebet

Gott, Du hast uns die Sprache
zur Verständigung gegeben.
In meiner Not wende ich mich an Dich.
Hilf mir bitte,
meinen Sprachrhythmus wiederzufinden.
In der Vergangenheit stand ich oftmals
meinen Mitmenschen sprachlos gegenüber,
aber ich weiß auch,
daß ich vielen Problemen ausgewichen bin.
In manchen Situationen habe ich mich
sprachlos meiner Verantwortung entzogen

und abgewandt, so auch von Dir.
Dieses will ich mit dem heutigen Tage ändern.
Laß meine Sprach- und Atemmuskulatur
gut durchbluten und entspannen.
Löse mich aus meiner
Verschlossenheit und Einsamkeit.
Befreie mich von allen Sprachblockaden,
damit ich ruhig und frei sprechen kann.
Ich will mich meiner Umwelt wieder mitteilen.
So spreche ich immer und überall
ganz ruhig und ganz frei.
Ich bin zuversichtlich und in allem,
was ich tue, meiner Sache vollkommen sicher.
Alle Dinge, die meine Sprachstörungen
hervorgerufen haben,
lösen sich zusehends von mir.
Gott, ich weiß, daß Du mir helfen wirst,
und ich weiß, daß ich es schaffe.

Beginnen Sie gleich nach dem Heilgebet mit dem Sprachtraining, denn die Meditation wirkt bis zu Stunden weiter,
und die Sprach- und Atemmuskulatur »merkt« sich diesen
Vorteil. Aus meiner Erfahrung heraus hat es sich bewährt,
optische Sinneseindrücke zu verbalisieren. Nachdem Sie
die Augen geöffnet haben, schauen Sie sich in Ihrer
Umgebung um und versuchen, alle auftretenden Gedanken sofort auszusprechen.
Beispiel: Sie öffnen die Augen und sehen ein Radio – sprechen Sie das Wort »Radio« aus. Fahren Sie fort: Stuhl,
Tisch usw. Nun formulieren Sie ganze Sätze, beispielswei-

se: »Das Radio steht links von mir auf dem Tisch, gegenüber befindet sich ein Regal« usw. Diese Sprachübungen
sollten Sie täglich wiederholen. Bedenken Sie aber bitte,
daß Sie nichts erzwingen sollten, es muß alles in Ihnen
entstehen und wachsen.

Suchtverhalten

Die Sucht ist Flucht aus einer nicht zu ertragenden Gegenwart in die Welt der Sinnestäuschung, der Schmerzlosigkeit und Betäubung. In dieser »Traumwelt« scheinen alle Probleme klein und unwichtig, aber auch nur so lange, wie die Wirkung der Droge anhält. Jeder Raucher weiß, wie schwer es ist, sich vom Nikotin zu befreien. Wie muß es aber sein, sich von Alkohol, Medikamenten und Rauschgift zu lösen?! Psycho-soziale und sozio-kulturelle Ursachen wie innere Leere, übersteigertes Reizbedürfnis, Existenzangst, Milieuschäden u.a. führen zu dieser Schwersterkrankung.
Befreien Sie sich aus dieser zerstörenden »Traumwelt«, öffnen Sie sich innerlich und lassen Gott einkehren.

Heilgebet

Ständig drehe ich mich im Kreise,
immer wieder versuche ich den Neubeginn,
doch ich bin zu schwach und mutlos.
Ich fühle mich wertlos und müde,
mein Körper ist nur noch eine kranke Hülle.
Noch einmal will ich mich aufrichten

und Dir, Gott, entgegengehen.
Unter Deiner Führung wird es mir gelingen,
mich aus diesem Gefängnis der Sucht zu befreien.
Deine heilende Kraft nimmt Besitz von mir,
stärkt mein Selbstvertrauen
und löst mich von meiner Lebensangst.
Immer mehr kann das Gift meinen Körper verlassen,
das Verlangen (nach Alkohol, Medikamenten,
Rauschgift) baut sich vollkommen ab,
ich werde mich durchsetzen gegen alle Dinge,
die sich gegen meine Gesundung stellen.
Deutlich spüre ich Erleichterung in mir,
ich werde mir und meiner Umwelt beweisen,
daß ich es schaffe.
Ich bin stark, zuversichtlich
und allen Anforderungen gewachsen.
Nichts kann diesen Prozeß aufhalten.
Ich weiß, Du Gott bist bei mir,
hab Dank für Deine Hilfe.

»Es ist der Geist, der sich den Körper baut.« Er kann eingesetzt werden zu jeder Zeit, niemals ist es zu spät. Glauben Sie fest an die innere Umkehr, und nutzen Sie die Macht des Gebetes.

»Gott ist Liebe und er ist es in allem. Diese eine Wahrheit ganz geglaubt, vermag unser Leben umzuwandeln« (Augustinus).

Übergewicht

Das Übergewicht ist eine Ernährungskrankheit, bei der die Nahrungszufuhr in erster Linie symbolische Bedeutung hat. So berichten Patienten, daß sie in der letzten Zeit sehr »stark« geworden seien. Diese äußerliche Stärke weist auf kompensatorische Vorgänge hin, die einhergehen mit Verlustangst, Kränkungen, Mißtrauen, Liebesentzug, Geiz, Eifersucht, Unterdrückung, Konflikten, Machthunger u.a.

Die symbolische Bedeutung der Nahrungsaufnahme ist den wenigsten Betroffenen bewußt, sie sind sogar überzeugt davon, daß sich ihre täglichen Rationen, die sie zu sich nehmen, in der Norm befinden.

Heute noch gilt in manchen Kulturkreisen der »Starke« als Mensch mit Wohlstand und Macht. Das ist falsch! Ein Umdenken und Folgehandeln ist notwendig, damit sich Ihr Leben von innen heraus normalisiert.

Beten Sie täglich, Gott wird Ihnen antworten.

Heilgebet

Eigentlich dürfte ich mit meinem Anliegen
gar nicht vor Dein Angesicht treten

und Dich um Hilfe bitten.
Bei all der Hungersnot in der Welt
mutet es fatal an,
daß ich gegen das Übergewicht kämpfen muß.
Deshalb bitte ich Dich um Erkenntnis
der Probleme und Sorgen,
die ich noch mit mir herumtrage,
damit ich sie ablegen kann.
Ich will meine Sorgen
nicht mehr mit Essen herunterschlucken.
Ich will Mangel an Zärtlichkeit und Liebe
nicht durch Essen ersetzen,
sondern mich bemühen,
meiner Umgebung Liebe und Zärtlichkeit
als erster zu vermitteln
und mich mit diesen Gaben sättigen.
Ich will lernen, Probleme offen anzugehen
und Verantwortung für mich und andere übernehmen
und nicht jeden Frust mit Essen ersticken.
Denn Probleme rufen meinen Mut
und meine Tatkraft auf den Plan,
und aus diesem Prozeß, Probleme mutig anzugehen
und zu lösen, lerne ich,
meinen Willen zu festigen.
Ich weiß, daß sich eine positive Gedankeneinstellung
positiv auf meinen Stoffwechsel auswirkt.
Ich will meinen Körper von allen seelischen
und körperlichen Schlacken freimachen.
Ich will nur dann essen,
wenn ich wirklich Hunger habe.

Ich will nicht gierig essen,
sondern mit Bedacht und Genuß.
Und ich will mir immer
bei jeder Mahlzeit bewußt machen,
daß nicht alle Menschen auf der Welt
sich an so einen reich gedeckten Tisch setzen können.
Dafür will ich dann auch von Herzen danken,
daß mir solch eine Fülle zuteil wird.
Und da, wo ich es verlernt habe,
will ich wieder lernen zu teilen.

»Es gibt keine Lage, die man nicht wandeln könnte durch Leisten oder Dulden.« Mit diesem Zitat von Goethe möchte ich Sie ermutigen, heute zu beginnen und nichts dem Zufall zu überlassen. Bedenken Sie bitte, jetzt im Moment sind Sie das »Produkt« Ihrer Vergangenheit, morgen sind Sie das »Produkt« von heute. Gott gab Ihnen die Kraft der Seele, nutzen Sie diese Kraft, sie ist in Ihnen.

Unfruchtbarkeit

Vor einigen Jahren kam eine Frau zu mir, die sich sehn-
lichst ein Kind wünschte. Alles schien in Ordnung.
Zu Anfang unseres Gesprächs fiel mir jedoch auf, daß sie
sehr verkrampft und verbittert war. Sie hinterließ bei mir
das Bild einer gehetzten Karrierefrau, ständig in Hoch-
form und geprägt von einer deutlichen Geltungssucht.
In ihr war kein Platz für ein Lebewesen, dafür war ihr Leben zu sehr auf ihr eigenes Ego abgestimmt. Vielleicht
waren es aber gerade diese Lebensumstände, die den
Wunsch nach einem Kind entstehen ließen. Es fehlte ihr
etwas.
Ein langes Gespräch stand am Anfang der Behandlung,
im weiteren Verlauf folgten meditative Sitzungen. Der Patientin gelang es bald, ihren Tagesablauf neu zu gestalten.
Sie öffnete sich innerlich und schaffte hierdurch Raum
und Platz unter ihrem Herzen. Wenige Monate später
wurde sie schwanger.

Heilgebet

Ich weiß, daß es eigentlich unverschämt ist,
jetzt, wo alle medizinischen und technischen

Bemühungen versagt haben, zu Dir zu kommen
und um Hilfe, Schutz und Trost zu bitten.
Ich möchte ein Kind.
Laß mich die Freude spüren,
die aus Kinderaugen leuchtet,
gib meinem Leben einen neuen Sinn.
Wie wenig wußte ich früher, was teilen heißt,
wie sehne ich mich jetzt danach,
verzichten zu dürfen, mein Ego hinten anzustellen.
Du hast den Himmel und die Erde geschaffen,
laß Deine Kraft und Allmacht
in meinem Körper wirken.
Laß meinen Wunsch sich formen in meinem Leib,
ich bin vollkommen entspannt und offen,
um Liebe in mir aufzunehmen.
So wie ein Samenkorn im Boden aufgeht
zu einer wunderschönen Blüte,
so möge auch in mir die Frucht des Lebens wachsen.
Ich weiß, daß Deine Kraft alles vermag
und sich mein Wunsch erfüllen wird.

Sie haben sicher schon einmal gehört, daß Eltern sagten:
Es ist ein Wunschkind. Kann man es schöner formulieren,
aussprechen? Der tiefe innere Wunsch ging in Erfüllung,
wie jeder Wunsch, der von Herzen kommt.

Vegetative Dystonie

Sie ist die meistgenannte Bezeichnung für Symptome, die sich nicht zu einem exakten Krankheitsbild formen lassen. Hierzu gehören unter anderem Unruhe, Schwitzen, Herzbeschwerden, Potenzstörungen, Schlafstörungen, Schwindel, Müdigkeit. Das vegetative Nervensystem steuert diejenigen Vorgänge, welche uns nicht ständig bewußt sind, wie Atmung, Verdauung, Stoffwechsel.
In unserer modernen Zeit ist die vegetative Ausgeglichenheit selten geworden, denn Leistungsdruck, Forderungen und Pflichten übersteuern dieses Nervensystem. Die vegetative Harmonie ist gestört. Hier setzt die Meditation an mit dem Ziel, wieder Ruhe in unserer »Mitte« zu finden.

Heilgebet

Unruhe im Wechsel mit Müdigkeit,
Schlaf- und Kreislaufstörungen,
haben Besitz von mir ergriffen.
Ich fühle mich völlig überfordert,
mein Leben ist eine einzige Anstrengung geworden.
Nicht ohne Grund wende ich mich an Dich, Gott,

denn alle Bemühungen, mein Leid zu beeinflussen,
waren bis heute ohne Erfolg.
So bitte ich Dich um Mithilfe,
diese Krankheit zu besiegen.
Alle vegetativen Übersteuerungen lösen sich,
Ruhe und Gelassenheit bilden wieder
die Basis zur Normalfunktion.
Mein Schlafrhythmus normalisiert sich,
das Herz schlägt ruhig und gleichmäßig.
Es atmet sich von selbst, ohne mein Dazutun,
alle Spannungen in mir bilden sich zurück.
Voller Vertrauen auf Deine Mithilfe
will ich mein Leben ordnen und neu formen,
Heiterkeit und Liebe sollen in mein Herz einkehren.
Du, Gott, bist in meiner Mitte.

Das beste Mittel, Krankheit zu vertreiben, besteht darin, daß wir der Gesundheit Platz in uns schaffen. Wenn wir loswerden wollen, was Unruhe schafft, müssen wir uns anschauen, was Ruhe schafft. Negatives Verhalten und Denken tauschen wir aus gegen positives Handeln und Denken.

»Suche erkannte Wahrheiten zu verwirklichen, nicht als Forderungen an andere, sondern als Forderungen an Dich selbst« (Hermann Hesse).

Zwänge

Wir unterscheiden zwischen Zwangsimpulsen, Zwangsvorstellungen und Zwangshaltungen. Die wohl verbreitetsten Zwangshaltungen sind der Zählzwang und der Waschzwang.

Bei den Zwangsvorstellungen leidet der Mensch unter immer wiederkehrenden Angstgedanken, wie beispielsweise zu verunglücken oder zu erkranken.

Die Zwangsimpulse setzen Gedanken frei, von denen sich der Mensch nur schwer lösen kann. Hierzu gehört, daß der Betroffene ständig an Verbotenes oder Aggressives denkt, z. B. daran, jemanden verletzen zu müssen.

In fast allen beschriebenen Fällen ist der Kranke in der Lage, die Sinnlosigkeit seines Denkens und Handelns zu erkennen. Es gelingt ihm jedoch nicht, diesen Kreislauf zu unterbrechen.

Im Hintergrund dieser Erkrankungen stehen neben hirnorganischen Problemfällen unbewältigte Ängste. Darüber hinaus erlebte ich in der Praxis Sexualkonflikte und geistige Überforderungen, dauerhafte Übermüdungszustände u. a. Die Psychotherapie bietet Ansätze zur Behandlung.

Das folgende Heilgebet sollte täglich in meditativer Haltung verinnerlicht werden. Dabei ist das Ziel, die negativen zwanghaften Energien umzupolen in positive Energien. Erzwingen Sie aber bitte nicht den Erfolg, sondern lassen Sie die Umstimmung in sich wachsen.

Heilgebet

Gott, ich stehe mitten im Leben
und erfülle meine Aufgaben,
doch immer wieder quälen mich diese Zwänge.
Bis heute ist es mir nicht gelungen,
diesen Kreislauf zu unterbinden,
alle Bemühungen waren umsonst.
Laß mich mit Deiner Hilfe aus diesem Kreis heraustreten, gib mir wieder Gewalt über mein Denken und Handeln.
Durch Deine Kraft lösen sich in mir alle bewußten und unbewußten Ängste,
Nöte und Sorgen,
So wandeln sich negative Energien in positive,
der Zwang bildet sich allmählich zurück,
wird unwertig und kann mich nicht mehr erreichen.
Er löst sich ganz von mir.
Mein inneres Gleichgewicht wird wiederhergestellt,
meine Gedankengänge und Verhaltensweisen
normalisieren sich.
Deutlich spüre ich, Gott, Deine Einflußnahme
auf meinen Körper und meine Seele.

Bedenken Sie bitte, daß auch eine Krankheit einen bestimmten Wachstumsprozeß durchläuft. Nichts ist sofort da, alles wächst und reift.

Gesundheit muß ebenso wachsen und reifen. Ein gewisses Maß an Geduld müssen Sie aufbringen. Dies ist zu vergleichen mit einem Samenkorn, welches Sie heute in den Boden legen und das nicht schon morgen Früchte tragen kann.

Lassen Sie es nicht bei nur einem Versuch, sondern wenden Sie sich einem wachsenden Heilungsprozeß zu.

»Geduld ist Wachsen Ungeduld ist Leiden« (Ina Seidel).

Schlußwort

Dies ist kein Schlußwort im üblichen Sinn, auch wird kein Kapitel zugeschlagen, denn meine Arbeit geht weiter. Sollten für Sie Fragen entstanden sein, so würde ich Sie bitten, mit mir Kontakt aufzunehmen. Meine Anschrift finden Sie am Ende dieses Textes. Schreiben Sie mir, ich bin für Sie da. Haben Sie Sorgen, Zweifel oder Wünsche, lassen Sie es mich wissen. Ratschläge oder Berichte über Ihre Erfolge bzw. Besserungen, Heilungen sollten Sie mir mitteilen.

In verschiedenen Städten werde ich Vorträge oder Lesungen halten, besuchen Sie mich. Wenn Ihnen die »Heilgebete« etwas vermittelt haben, empfehlen Sie diese weiter an Freunde, Bekannte, Fremde, Menschen in Not. Ich möchte mit jedem in Kontakt treten, mit Gesunden, Kranken aller Schichten, jeder Herkunft. Unsere Gemeinde ist groß, sie muß weiter wachsen, wachsen nach dem göttlichen Prinzip der Harmonie und Liebe. Wir alle sind aufgerufen, Gott wieder in unser Herz einkehren zu lassen, Zugang zu ihm zu finden. Viele Jahrzehnte, Jahrhunderte wurde selbstverständlich für Kranke gebetet. Zu lange hat die Rationalität, die Wissenschaft die Zielsetzung des Lebens (des irdischen Lebens) bestimmt. Immer deutlicher erkennen wir die uns gesetzten Schranken. Die Körpermedizin als seelenlose Verordnungsge-sellschaft steht vor einer inneren Leere. Katastrophen wie Tschernobyl, Meeres- und Nahrungsmittelverseuchung häufen sich. Ethik, Moral und Tradition werden aufgege-ben, Egoismus und Habgier dominieren. Die Folgen sind klar erkennbar. Krankheiten haben in unserer Zeit die höchsten Zuwachsraten. An der Schwelle dieser Entwick-lung stellen Menschen plötzlich die Frage: Wo ist Gott? Die Antwort lautet: Er ist da! Nur: haben wir ihn gesucht, ihm uns genähert, ihn in uns einkehren lassen?

Mir scheint jedoch, daß sich viele Menschen neu orientie-ren, weil sie erkannt haben, daß ein Computer oder eine Luxus-Limousine letztendlich Gott nicht ersetzen kön-nen.

Vor über 2000 Jahren trat die Sonne in das Zeichen der Fi-sche ein, es begann das Zeitalter der Christenheit. Nun stehen wir erneut an einem Wendepunkt: Das Zeitalter des Wassermanns hat begonnen. Der menschliche Geist wird sich erneuern, die Seele steht im Mittelpunkt dieser Entwicklung.

Jeder von uns kann Gottes Kraft in sich selbst entdecken, freisetzen und anwenden. Wenn dieses geschieht, wenn Seele unseren Körper durchdringt, tritt Heilung ein. Der materielle Sinn des Menschen hat keine Substanz, ist ver-gänglich. Die Seele lebt: gestern – heute – morgen.

Mit diesen Worten möchte ich mich verabschieden in dem Wunsch, Ihnen Mut, Trost und Hoffnung vermittelt zu haben. Danken möchte ich meiner 80jährigen Mutter, sie zeigte mir den Weg. Möge Gott ihr noch viele glück-liche und gesunde Lebensjahre schenken. Meine Frau

Elke hat mich im wesentlichen bei der Entstehung dieses Buches unterstützt, ich danke ihr dafür.

Hier ist meine Anschrift, falls Sie sich mit einem Problem an mich wenden wollen: Berthold A. Mülleneisen, Schillerstraße 3, 8012 Ottobrunn.

Wir alle sind aufgerufen, wieder Geist und Seele in uns zu entdecken. Wir müssen uns bemühen, genügsamer zu werden, bescheidener zu sein, unsere Augen zu öffnen, um Gottes Schöpfungswillen zu erkennen. Jeder einzelne von uns ist wichtig, er ist eingebunden in die Natur und trägt Mitverantwortung für sich und seinen Nächsten.

Worterklärungen

Affektausbruch: ein Erregungszustand, der zu gesteigertem Antrieb führt, Einsicht und Kritik ausschaltet. Heftige Entladung einer psychischen Stauung mit meist aggressivem Inhalt.

akustisch: auf das Gehör bezogen.

Ayurveda: ostasiatische Wissenschaft vom Leben, ganzheitliche Medizin.

bioenergetischer Medikamententest: Verfahren zur Auswahl homöopathischer Medikamente durch Messung der körpereigenen Energieströme.

Bio-Feedback: Rückkoppelung.

denaturiert: nicht mehr natürlich.

Destruktion: Zerstörung, Zersetzung.

dominieren: vorherrschen, bestimmen.

Ego: ich, das Ich.

emotionell: gefühlsmäßig, vom Gefühl getrieben.

Ethik: die Lehre von der Sittlichkeit; Wesen und Form des sittlichen Seins und Handelns; sittliches Wertbewußtsein; Basis einer Gesellschaftsordnung.

Euphorie: gehobene Stimmung, besonders lustbetont, auch krankhaft gehobene Stimmung.

funktionell: eine Funktion, Wirkung, Wirksamkeit betreffend.

Hypnose: schlafähnlicher Zustand, künstlich herbeigeführt; Zustand von unmerklichen Veränderungen bis hin zum Tiefschlaf bei erhaltener Kommunikation.

Identität: Ich als Selbsterleben der eigenen Person.

Immunsystem: Abwehrsystem zur Erhaltung der körperlichen Gesundheit (Organe, Zellen, Eiweißkörper).

Indikation: Anzeige, Heilanzeige, Grund zur Anwendung eines diagnostischen oder therapeutischen Verfahrens.

Kommunikation: Verbindung, Mitteilung, Verständigung, Kontakt im Sinne des Empfangens und Gebens; zwischenmenschliche Beziehung.

kompensatorisch/Kompensation: ausgleichend, psychischer oder physischer Abwehrmechanismus. Beispiel: Ausgleich von Minderwertigkeitsgefühlen durch gesteigerte Leistung. Gefahr der Überkompensation.

manifestiert: offenbart

Magnetfeldtherapie: Beeinflussung durch Magnetfelder zu Heilzwecken; z.B. Knochenbrüche.

Meditation: Nachdenken, Einüben, innere Betrachtung, Abschalten von Außenreizen, körperliche und seelische Entspannung, Konzentration auf bestimmte Erlebnisinhalte, religiöses Ergriffensein.

Morbus Bechterew: benannt nach Bechterew, Neurologe, Leningrad, 1857–1927; entzündliches Leiden des Knochengelenksystems mit Befall von Wirbelsäule, Extremitäten u.a.

Morbus Scheuermann: benannt nach Scheuermann, Arzt, Kopenhagen, 1877–1960; Form des Knochenabsterbens bezogen auf die Wirbelsäule.

Neuralgie: allgemeine Bezeichnung für Schmerzen, die auf das Ausbreitungsgebiet eines Nervs beschränkt sind.

neurotisch: gestörte Erlebnisreaktion, nicht willensmäßig beeinflußbare Haltung mit körperlichen und seelischen Beschwerden, meist chronischer Verlauf, hervorgerufen durch innere Konflikte und Frustration.

physikalische Therapie: Behandlung von Krankheiten mit natürlichen Mitteln (Wasser, Wärme, Kälte, Licht, Luft, Massage, Gymnastik, Elektrotherapie).

physiologisch: normale, gesunde Lebensvorgänge; Gegensatz *pathologisch:* unnormale krankhafte Lebensvorgänge.

Polyarthritis: Entzündung zahlreicher Gelenke.

Psychoanalyse: Auflösung, tiefgreifende Behandlungsmethode neurotischer Störungen.

psychosomatisch: seelisch-körperlich; z.B. körperliche Erkrankungen, deren Ursachen seelisch begründet sind.

psycho-sozial: abgeleitet von Sozialpsychologie, die Wissenschaft von den psychischen Gesetzlichkeiten im Zusammenleben von Gruppen, Klassen, Schichten der Bevölkerung. Die S. untersucht seelische Phänomene wie Sympathie und Antipathie, Liebe und Haß, Machtstreben und Unterwerfung.

Rationalität: Ratio, Vernunft, Denken; eine Grundform des Weltverständnisses, die in der Vernunft die erste Quelle der Erkenntnis sieht.

reduziert: vermindert.

Regeneration: Heilung, Wiederherstellung, Erneuerung.

Rehabilitation: Wiederherstellung, Wiedereingliederung (medizinisch, beruflich).

Resignation: Verzicht, Ergebung in das Schicksal mit negativem Stimmungshintergrund.

Salzhemd: altes naturheilkundliches Verfahren zur Entgiftung – Entschlackung über die Haut. Heute neu entdeckt und vielfältig anwendbar (biomed, Ulm, Neue Str. 125).

Spasmen: vermehrter Spannungszustand der Muskulatur.

Streß: Druck; extreme körperliche oder seelische Belastungen.

Suggestion: Eingebung, Beeinflussung (seelisch); Fremdsuggestion, z.B. durch Therapeut; Eigensuggestion.

Symptome/symptomatisch: Krankheitszeichen; Erscheinung einer Krankheit, nicht Ursache derselben; kennzeichnend.

Thermo-Regulations-Diagnostik: Wärmebild; Verfahren, das die Wärmestrahlung des Körpers sichtbar macht, z.B. Entzündungen.

vegetatives Nervensystem: autonomes Nervensystem, reguliert Atmung, Verdauung, Stoffwechsel, Wasserhaushalt, Drüsen u.a.

Literatur

Bankhofer, Hademar: »Gesundheitstips.« Herbig-Verlag, München.

Bruker, M.O.: »Unsere Nahrung – unser Schicksal.« emu Verlag, Lahnstein.

Guggenberger, Alfred: »Die Templer und das Gesundheitswesen.« AGU Verlag, Augsburg.

Jüliger, Ralph M.: »Der Mensch und die Psychologie.« Institut für Schüler- und Elternberatung, Neu-Isenburg.

Kniep, Peter: »Die entspannte Seele. Autogenes Training in Theorie und Praxis.« Kleine Verlag, Bielefeld.

Köhnlechner, Manfred: »Das große Buch der alternativen Heilmethoden.« Heyne Verlag, München.

Leist, Marielene: »Erste Erfahrungen mit Gott. Religiöse Erziehung des Kindes.« Herder Verlag, Freiburg i. Br.

Obermeyer, W.: »Rheuma heilbar?« F. Englisch Verlag, Wiesbaden.

Scharl, Hubert: »Moderne Hypnosetechniken.« Marczell Verlag, Puchheim.

Smrz, Peter: »Lautlos ins Verderben. Absichten, Ansichten, Aussichten zur Lage unserer Gesundheit.« Hippokrates Akademie Verlag, Ulm

Register